東天七豪 漢詩集

樓亭風月

누정풍월

任奉燻
金容大
金榮基
任準臣
慶佑秀
李元熙
張善淑

도서출판
다운샘

題東天七豪詩集序

神市以來初七豪
震檀史實正明掬
最先此地文華發
至近彼邦基礎攄
今脈政情癡幼息
麗羅儒迹名賢遭
樓亭風月書題號
特警前驅聆大謦

丙戌四月 東天書塾
崔權興 喜吟

환웅천황 신시 이래로 처음 동천칠호가
우리의 옛 역사의 사실을 바르고도 밝게 가려놨도다
가장 먼저 이 땅에서 문명의 빛을 나타냈고
아주 가까운 저 나라들 터닦는 것 잡아줬도다
어제 오늘의 정치의 모습 어리석고 어림을 탄식하며
신라·고려의 선비의 자취 이름있는 분들을 찾았다네
누정 풍월이라 이름을 불러 써놓았으니
다만 남의 앞장서는 이들에게 들려주는 큰 북이로다

序文(서문)

한가락모임과 동천서숙(東天書塾)을 운영하시는 중관(中觀) 최권홍(崔權興)선생님 지도하에 한시(漢詩)를 공부한 사람들이 많지만, 유독 우리 일곱사람에게 동천칠호(東天七豪)라 이름을 붙여주셔서 전국 유서깊고 오래된 누정(樓亭) 30곳을 탐상(探賞)하게 하시고 평운(平韻) 30에 따라 율(律)을 지어 읊게 하시니, 다락에 오르면 화문석 자리를 깔고 좌정(坐定)하여 문인화가(文人畵家)인 설전(雪筌)은 계절따라 시축(詩軸)에 사군자(四君子)를 직접 그리고, 선생님은 누정과 그림에 알맞은 화제(畵題)를 주시고 다락 안에 걸린 시의 해석(解釋)도 해주시며 역사적(歷史的) 사실을 강론 하시곤 하셨다. 우리는 듣고 본 느낌따라 칠률(七律) 하나씩을 읊은 다음 선생님의 시창(詩唱)을 본받아 우리도 따라서 불렀다.

마치 옛 선비의 품격을 되찾은 기분으로…….

시(詩)는 우리 정신문화(精神文化)에 지대한 공이 있었다고 본다. 시를 요약(要約)해 말하면 1.단문(短文)이요 2.대설(大說)이요 3.아름다움을 표현(表現)하는 것이요 4.언지(言志)라. 한시에는 자유시(自由詩)인 고시(古詩)와 정형시(定型詩)인 근체시(近體詩)가 있다.

고시는 악기(樂器)에 올려 반주(伴奏)에 따라 노래했고, 근체시는 악기(樂器)없이 음성(音聲)으로만 직접 읊어서 발전(發展)하였다고 한다.

시는 율(律)을 쓰기 위(爲)함이다. 율(律)은 4구(句) 8행(行)이며 율에는 오언(五言)과 칠언(七言)이 있으나 칠언율시 (七言律詩)가 기본형(基本型)이다. 논어(論語)에 1.흥어시(興於詩) 2.입어예(立於禮) 3.성어악(成於樂)이라 했듯이 시에서 선심(善心)을 흥기(興起)시키고 예(禮)에서 행실(行實)을 확립(確立)하며 악(樂)에서 완성(完成)된다는 말이니 시와 음악은 사람의 심성을 즐겁게 함이 자연스럽다.

오늘날 표피적 육감문화(表皮的 肉感文化)에 빠져있는 우리들은 좀더 심성(心性)을 다스리는 데에 힘을 써야 되겠고 진정 선비다운 모습을 갖추는 데에도 옛 선비들의 흉내가 필요하여 옛 선비들의 시의 산실인 누정을 찾은 것이다. 시는 선비의 노래인 것이다. 선비란 오늘날의 말로 표현하면 지도자란 뜻을 가진 말이다. 우리들은 남의 뒤를 따라가는 사람이 되지말고 앞장을 서서 옳은 길로 이끄는 사람이 되어야겠다. 그러자면 공부를 많이 하고 또 시를 잘 써서 멋진 목소리로 읊어서 이 어지러운 세상을 바로 이끌어 맑고 밝은 세상이 되기를 바라면서, 우리 동천칠호들은 한시집 『누정풍월』을 세상에 보여드리게 되었으니 많이들 읽으시고 뜻을 같이하는 분들이 많았으면 더 이상 고마움이 없겠으며, 끝으로 이 한시집을 내는데 음과 양으로 도움을 주신 주위의 모든 분들께 감사를 드립니다.

2006년 4월

濊州 金 榮 基 씀

목차

제2부 亭정

제 1 부

樓 루

嶺南樓

영남루

1 東韻

千里密城走匹驄　長江壁上古樓雄
飛檐南陝阿娘閣　高檻北庭檀祖宮
松竹深林傳說滿　丹靑厚棟名歌豊
七豪今日登臨裏　賡唱律聲何不崇

佳山 任奉㷽

천리 밀양땅을 말 한필로 달려가니
긴강 벼랑 위에 옛다락이 웅장하구나
나는 듯한 처마 남쪽 모퉁이엔 아랑각이요
높은 난간 북쪽 뜰엔 단군조의 사당 이로다
송죽이 깊은 숲속엔 전설이 가득차 있고
단청된 두터운 기둥에는 유명한 노래가 많도다
칠호들이 오늘 누각 위에 올라간 속에
이어 부른 노랫소리 어찌 아니 높으랴

直到南樓高大洪　　千年往事哀歡風
阿娘貞節昔今遠　　騷客吟聲天地充
救亂一僧恭慕岸　　始皇九位焚香宮
宏亭絶隔長歎息　　北向何時平壤翀

西原 金容大

곧바로 영남루에 이르르니 정말 크고 넓구나
천년 지난 일은 기쁨과 슬픔의 바람이로다
아랑의 정절은 옛날과 지금이 거리가 멀고
시인의 읊는 소리는 하늘과 땅 가득히 찼네
나라를 구한 사명당을 공경하여 언덕에 모셨고
창업 시조 선왕 아홉 분께 분향을 올렸도다
큰 정자 하나 막혀 가지 못하니 길이 탄식하며
북쪽을 향해 어느 때에 평양으로 날아갈꺼나

樓閣嶺南第一宮　　檻頭詩軸立春風
庭前開國八王殿　　楹下游鳧千丈潨
惟政慧顔松岸上　　阿娘傳說竹林中
七豪賡唱傾天地　　昔日何筵今日同

瀛州 金榮基

누각으론 영남에서 제일 큰 집이요
난간 머리 시축엔 입춘바람이 부는구나
뜰 앞에는 개국한 팔왕을 모신 궁이요
기둥 밑은 오리가 노는 천길의 물이로다
유정대사의 혜안은 소나무 언덕에 있고
아랑각의 전설은 대숲 가운데 있도다
동천칠호 이어 부른 노래 천지가 귀 기울이니
옛날 어느 누가 오늘날 같이 놀았을고

千里密陽樓大雄　　悠悠曲水銀波充
庭前新殿始皇會　　亭側古菴僧伴䆠
林廟阿娘傳說苦　　石碑遺事訪人恫
立春檻上賡吟裏　　詩軸畵書從筆風

雪荃 任準臣

천리길 밀양에 누각이 크고 큰데
유유히 흐르는 굽은 물엔 은물결 가득하다
뜰 앞 새 집에는 시조임금 모셔놨고
정자 옆 옛 절에는 스님들이 공손하다
숲 속 사당은 아랑의 전설이 괴롭고
돌비석 남긴 일은 찾는 이를 슬프게 하더라
입춘절 난간 위에서 이어 읊는 속에
시축의 글과 그림이 붓을 따라 춤추누나

早出南行千里驄　七人到處密城東
昔時大刹遺墟岸　今日高樓聳碧空
臺閣長欄騷韻繼　阿娘影室傳談恫
嘯吟壁上掛書裏　後世誰何詩話通

又仁 慶佑秀

아침에 집을 나서 남으로 천리를 달렸는데
칠인이 도달하니 밀성 동쪽이더라
옛날엔 큰 절이 섰던 언덕이요
오늘은 큰 다락이 공중에 솟아 있구나
다락 긴 난간에는 노랫소리 이어지고
아랑각에 전하는 말엔 가슴이 아프구나
노래 불러 벽 위에 거는 속에
후세에 누가 있어 시화로 통하겠나

南走密城千里風　　立春白雪江山空
七豪談笑登樓上　　四面宏開敞臆中
獻菊一憐貞女閣　　焚香再拜天眞宮
悠悠碧水靑鳧樂　　今日亭歌萬世通

安一堂 李元熙

남쪽으로 달려 밀성 천리를 가는데
입춘이라 해도 아직 흰 눈이 강산에 쌓여있네
칠호가 정담을 나누며 다락으로 오르니
사면은 툭 틔어 가슴 속까지 시원하다
국화를 바쳐 정려각의 가련한 아랑을 위로하고
천진궁에 분향하여 두 번 절을 올렸네
유유한 벽수에 청둥오리 한가로이 노니는데
금일 정자에서 부르는 노래 만대까지 통하리

羅代寺墟亭閣雄　　登臨豪客宏樓沖
庭前青竹阿娘節　　岸上鐵僧惟政翁
昔日騷人來往幾　　今時遊子醉醒夢
千尋欄下長江臥　　猿祀初春遠野空

三又堂 張善淑

신라 때 절터엔 정각이 웅장한데
큰 나그네 정자에 오르니 넓은 다락에 어울리네
뜰 앞에 푸른 대나무는 아랑의 절개요
언덕 위의 동승은 유정옹이구나
옛날의 시인들은 오고감이 몇이었던고
오늘날 유자들은 정자에 취하여 몽롱하도다
천 길 난간 아래엔 긴 강이 누웠는데
원숭이해 초봄에 먼 벌판은 비어있구나

영남루(嶺南樓)

때 : 4337(2004)년 2월 7일 토요일

곳 : 경상남도 밀양시 내일동 보물 147호

오랜 기다림 끝에 첫 번째 동천칠호(東天七豪)가 드디어 출발하는 날이다. 어젯밤 일기예보에 폭설 운운하여 걱정도 되고 마음이 설레기도 하여 잠을 설쳤으나 다행히 눈은 보이지 않았다. 7시 30분, 약속장소에 이미 한회장 봉고차가 기다리고 있었고, 곧이어 한복으로 단장한 예주, 삼우당이 도착했다. '정말 우리는 달라' 어깨가 으쓱해지며 자부심마저 든다. 8시에 사당동에 닿으니 선생님이 기다리고 계셨다.

와 달린다! 찬바람을 가르며 앞으로 앞으로.. 정담을 나누는 차안은 화기애애, 시끌시끌한데 선생님은 눈을 감으시고 묵묵하시다. 기흥휴게소, 단골인데 그냥 지나칠 수 없지 하여 커피 한 잔씩을 하고 경부 고속도로를 달린다. 11시 칠곡휴게소에서 잠깐 쉬고 12시가 되어 창녕으로 들어섰다. 바우네추어탕 집에서 간단히 점심을 들고 밀양을 향하여 달리는데 구불구불 끝없이 긴, 마치 말티고개 같은데 좌우는 백설로 덮여 절경으로 산 속을 뚫고, 한참을 계속 달리니 밀양시장! 드디어 1시 40분 영남루 도착이다.

우리나라에서 가장 큰 다락으로 신라 경덕왕 때 영남사라는 절이었는데 허물어져 고려 공민왕 때 김주(金湊)가 다락을 높게 신축하여 영남루라 했으며 현재의 건물은 1843년 헌종 때 이인재 부사가 중수했다 한다. 본루의 왼쪽에는 능파각(淩波閣), 오른쪽에는 침류각(枕流閣)을 거느리고 정면 5칸, 측면 4칸으로 침류각과 누각사이는 달월(月)계단형 통로로 건물배치와 구성이 아주 독특했다.

영남루를 끼고 흐르는 저 푸른 강은 낙동강 지류인 밀양강 혹은 남천강으로 불리며 구불구불 유유히 흐르고 있다. 절벽에 위치하여 바라보는 즐거움, 특이한 건축구조, 무성한 대숲의 푸름. 그저 정말 툭 트여 시원시원하다는 말밖에. 어떻게 무슨말로 표현을 하랴. 이 건물을 중수한 이인재(李寅在)의 두 아들 증석(11세), 현석(7세)이 썼다는 영남제일루(嶺南第一樓)와 영남루(嶺南樓)현판은 그 어린 나이에 썼다고는 믿기지 않는 힘 넘치는 필체였으니 어찌 믿을 수 있겠는가?

추사의 제자 성파가 썼다는 현판, 배수환이 쓴 침류각, 현경관이 썼다는 만덕문(萬德門)등등 당대의 명필가, 대 서예가들 작품으로 보이는 것 모두 모두가 명품으로 잠깐 보고 가야 하는 것이 아쉬울 뿐 어찌겠는가? 우리는 마루에 화문석을 깔고 모두 둘러앉았다. 한복을 곱게 입고 살풋이 앉아 시축에 매화를 그리는 설전을 바라보며, 아, 이것이 바로 풍류다! 매서운 추위에 아랑곳하지 않고 꼿꼿이 앉으신 선생님 자태와 어우러져 멋지다. 그 옛날 강좌 칠현이 이러했겠지… 선생님께서 춘설분분(春雪紛紛), 암향부동(暗香浮動)이란 화제를 불러주시고 영남루의 유래와 아랑각전설, 천진궁(天眞宮), 한시에 대한 설명을 해주시며 한 가락을 읊으신다. 유장하게 넘어가는 절창에 우리는 입이 다물어지지 않는다. 아! 정말 멋지다. 저 연세에 어디서 저런 열정이 나오는지, 참으로 대단하시다. 다락 밑에 푸른 댓잎소리, 파르라니 떤다. 우리들도 한 가락씩 읊어갔다. 차례차례 시축으로 옮기는데 굽이굽이 흐르는 남강 쪽빛 물에 청둥오리가 옹기중기 모여 한가롭다. 이 좋은 풍광 언제 다시 볼꼬? 한 여름날 다시 와서 저 시원한 강바람 맞으며 푸근히 쉬다 갔으면… 나 혼자만의 바램은 아닐 것이다. 다락에서 내려와 천진궁(天

眞宮)으로 들어갔다.

천진궁은 단군이래 역대 8왕조 시조 위패를 봉안한 곳으로 동벽에는 부여, 고구려, 가락시조왕, 고려 태조왕 서벽에는 신라, 백제, 발해고왕, 조선 태조의 위패를 모시고 있었다. 천진궁은 이조 현종때 부사 홍성구가 창건한 요선관이었으며 현재 건물은 헌종 10년에 이 인재가 크게 보수했다고 하며 경상남도 지정유형문화재 제117호라고 한다. 1956년부터 단군 봉안전으로 사용하며 음력 10월 3일에 개천대제, 3월 15일에 어천대제로 제향을 올린다고 한다. 오늘날 단군상을 허물어 뿌리를 부정하는 사람들을 깨우쳐주는 훌륭한 곳이라 생각된다. 시인 묵객들의 발걸음이 끊이지 않았다는 운치 있는 사찰 무봉사(舞鳳寺)는 경내에 석조 여래 좌상이 있으며 보물 493호로 지정되어 있었다. 층계를 내려가니 햇빛이 가득한 양지에 아랑의 영정을 모신 아랑각은 아늑하게 대숲이 포근히 감싸 혼백을 위로해주는 것 같았다. 아랑은 조선 명종때 이 고을 윤부사의 딸로 태어난 지 얼마 안되어 어머니를 여의고 유모 품에서 자랐다고 한다. 그런데 유모의 꾀임에 빠져 영남루에 나왔다가 통인 주기로부터 정조를 강요당하자 죽음으로 정절을 지켰고, 재색이 뛰어난 외동딸을 잃은 윤부사가 서울로 돌아가자 후임 부사들이 의문의 죽음을 당하게 되니 이상사가 자청해 이곳으로 부임하여 그의 지혜로 원한을 풀어주었다는 전설이다. 너무 안타까운 아린 이야기다.

정문을 나서니 바로 앞산 기슭에 사명당 동상이 떡 버티고 있었다. 마치 그 옛날 왜적의 간담을 서늘하게 했던 그 모습으로 영남루를 지켜주고 있었다. 워낙 먼 길인지라 아쉽지만 발길을 돌려 차에 올랐다. 오는 길에 비화가야 왕들의 묘역인 창녕 교동 고분군 사적 제80호로 지정된 가야시대의 고분을 둘러보았다. 집채만한 고분들이 둥글둥글 무리지어 있었는데 비화란 빛이 좋은 들이라는

데서 비롯되었을 것으로 생각되며 고분의 돌방, 석실은 세 벽을 쌓고 한쪽 벽을 입구로 매장했던 앞트기식 돌방무덤이 대부분이다. 그 옛날 화려하고 섬세한 가야 금관과 귀걸이 등이 눈에 어른거리는데 해는 벌써 뉘엿뉘엿 지고 있었다. 나름대로의 생각과 느낌을 얘기하며 오니 정인들과의 좌담인지라 지루한지 모르고 벌써 불빛이 현란한 서울 문턱이다. 9시가 다되어 사당역에 도착했다.

우리를 따라왔던 현정(賢楨)씨의 시를 소개한다.

砥路向南匹馬翀　　長江一面樓臺崇
焚香節介阿娘閣　　祭享功勞始祖宮
自古佳亭何處爍　　至今騷客誰家雄
立春餘興七豪會　　賡唱檻頭詩畵風

安一堂　李元熙 씀

矗石樓

촉석루

2 冬 韻

居烈城中雄閣逢　　命名矗石稱威容
壓江丹柱義巖瞰　　滿檻淸風忠節顒
靑史長盱辰祀大　　飛檐圍繞霞光濃
七豪今日春秋筆　　玄海灘波千丈衝

佳山 任奉爀

진주성 가운데에서 큰 다락을 만나니
이름하여 촉석이라 그 모습에 걸맞도다
강을 누른 붉은 기둥은 의암을 굽어보고
난간에 가득한 맑은 바람 충절을 우러러 보네
역사 속의 긴 탄식은 임진년이 컸고
처마 끝에 둘러 있는 노을빛은 짙도다
칠호가 오늘 춘추필법을 휘두르니
현해탄 파도가 천 길을 찌르는구나

矗石高樓絶壁宗　　城中處處當時蹤
崇宮遠祖焚香拜　　義妓誠忠合掌恭
西黨養兵屛急亂　　東人執柄被災兇
島蠻邪惡焉言也　　今日慷心叩擊胸

西原 金容大

촉석 높은 다락이 절벽에 높은데
성중의 곳곳에는 당시의 자취로구나
높은 사당 먼 할아버지 향불 피워 절하고
의기의 정성스런 충성에 합장해 공손히 하도다
서인들은 양병설로 어지러움을 막으려했고
동인들이 정권을 잡아 재앙과 흉함을 입었도다
섬 오랑캐의 간사한 악을 어찌 말하리오
오늘의 분한 마음이 가슴을 두드리는구나

矗石嶺南第一顒　　高樓長檻淸風供
千尋壁下義巖特　　萬里天涯蠻寇兇
當日黑虯江色悵　　至今靑貜雨聲悰
老師先唱七豪後　　必此賡歌詩史丰

瀛州 金榮基

촉석루는 영남에서 제일 큰데
높은 다락 긴 난간 맑은 바람 불어오네
천길되는 긴 절벽 아래 의암 우뚝한데
만리 하늘가 왜놈은 흉악했도다
당일 임진년 강 빛은 슬펐는데
지금 갑신년 빗소리만 즐기는가
선생님 선창에 동천칠호 이어 부르니
반듯이 이어부른 이 노래 시 역사에 아름다우리

甘雨山川草木悰　　一車南走高樓逢
前庭忠廟焚香客　　後壁義巖崇節顒
蚪祀江波斑赤水　　猿年城郭繞靑松
檻頭詩軸梅枝動　　賡唱七豪千古宗

雪荃 任準臣

단비가 내리는 산과 내에 초목이 흐뭇하고
한수레 남으로 달리니 높은 다락이 맞아주네
앞뜰엔 충신의 사당에 분향객이요
뒷절벽엔 의암의 높은 절개 우러른다
임진년의 강물결은 붉은 물로 얼룩졌고
임신년의 성곽은 푸른 솔로 둘려있도다
난간머리 시축에 매화가지 움직이는데
이어 부르는 칠호는 천고에 높더라

朝發漢陽匹馬邛　　南行千里晋城墉

高樓大閣繞雲霧　　義妓崇堂匝竹松

昔日金蘭懷遠祖　　今時豪客豊詩農

檻頭賡唱律吟裏　　春雨無聲檐下恭

又仁 慶佑秀

아침에 서울을 나서 말 한 필이 수고롭게도
남쪽 천리 진주성에 다달으니
높고 큰 다락 안개 속에 쌓여있고
의기 영당은 송죽에 둘려있네
옛날 할아버지께서 금난계 하시던 곳
오늘은 칠호가 찾아 시를 읊어본다
난간 머리에 노래 소리 이어지는데
봄비는 소리 없이 처마 밑에 공손하구나

春雨漸濡山野茸　　七人南走晉陽逢
悠悠碧水樓臺繞　　切切丹心祠廟宗
碑閣將軍邦國守　　義巖節妓夫君從
倚欄賡唱移詩軸　　檐末四圍煙霧濃

安一堂 李元熙

봄비에 젖은 산과 들 새싹이 예쁜데
칠인 시우가 남쪽으로 달려가니 진주가 맞이하네
유유히 흐르는 푸른 물은 누대를 감싸고
절절한 붉은 단심에 사당이 높도다
비각은 나라를 지킨 장군이요
의암은 지아비를 따른 절기로다
난간에서 노래를 부르고 시축을 옮기는데
처마 끝엔 사방으로 둘러싼 안개가 짙구나

大壯山川甘雨雍　　晉城古地烈忠宗
將軍殉國碑銘碧　　義妓貞神影閣彤
衆客廣庭春興醉　　七豪長檻律吟悰
高樓赤棟繞煙霧　　江上虹橋昔女逢

三又堂 張善淑

이월달 산천에 단비가 내리니
진주성 옛터에 열과 충이 높도다
장군의 순국은 비명에 푸르고
의기의 정신은 영정각에 붉도다
뭇객들은 뜰앞에서 봄홍에 취하고
동천칠호는 긴 난간에서 율소리 즐겁도다
높은 다락 붉은 기둥은 연무에 둘렸는데
강위 홍교에서 옛 여인을 만나는구나

촉석루(矗石樓)

때 : 4337(2004)년 2월 21일 토요일

곳 : 경남 진주시 본성동

새벽부터 비가 내리기 시작하더니 그칠 줄을 모른다.

계속 가뭄 끝에 비가 내리니 단비가 아닐 수 없다.

우리 칠호 모임에서 두 번째 누각(樓閣)을 찾는 날이다.

모두가 우리 옷 한복을 곱게 차려입고 사당동에서 모여 경부고속도로를 달렸다. 촉석루 앞에 도착하여 차를 주차 해놓고 장어구이로 점심을 맛있게 먹었다. 한복이 불편한데도 어느 누구 불평 한마디 없이 그저 선생님 말씀에 귀기울이고 필기하느라고 정신이 없다.

촉석루는 진주시를 상징할 만큼 영남 제일의 명승지이면서 임진왜란 때 논개의 충절로 더욱 더 유명한 곳이기도 하다.

1365년 고려 공민왕 14년에 창건됐다고도 하고, 또는 그 이전에 지어졌다고도 하는데 크기는 정면 5칸 측면 4칸 팔작지붕의 누대이다.

진주성을 지키던 주장(主將)의 지휘소로서 남장대라고도 했다.

평화로울 때에는 향시를 치르는 고시장으로도 쓰이기도 하였다고 하는데 경임(慶紝)외 31인과 함께 촉석루에 노닐면서 금난계를 창수하였다고 한다. 탁영 김일손의 서문과 교은(郊隱)정이오(鄭以吾)의 한시가 지금도 촉석루 들보에 걸려있다.

그런데 경임이란 분의 후손인 우인 경우수가 우리 모임에서 열심히 활동을 하고 있는 것은 다 선조의 음덕이 아닌가 생각이 든다.

남장대에 올라 화문석 자리를 깔고 앉아서 시축에 매화를 설전이 그리고 선생님께선 대장잔한(大壯殘寒) 유향타호(幽香打戶)라고 화제를 써주시고 우리들은 돌려가며 율시를 읊어보니 우리 것이 이렇게 멋있고 맛이 있다는 것을 새삼 느끼게 되고 왠지 가슴이 뿌듯이 벅차올랐다.

지수문(指水門)에 들러서 논개의 사당에 향을 피워 절을 올렸다. 강 쪽으로 의암(義巖)이라는 바위가 있는데 처음에는 위험한 바위라고 해서 위암이라고 불리다가 논개가 순절한 후 의암이라 개칭되었다 한다. 이에 의암이라는 글자를 바위에 새겼으며 경종2년에 의암사적비를 세웠다고 전한다.

비가 그치는가 했더니, 서울로 들어서는데 더욱더 빗줄기가 굵어진다. 마포 이조식당에서 저녁을 먹고 다음을 약속하면서 우리 일행은 헤어졌다. 우리와 같이 왔던 현정(賢禎)씨의 시를 소개한다.

隨桷高樑八作形　　南江壁上層樓丰
埸中烏石將軍跡　　岸下靑岩義妓宗
壬亂當時忠節大　　甲申今日讚吟恭
七豪一坐醉春興　　檐下落韻長短悰

西原 金容大 씀

竹西樓

죽서루

3 江 韻

東海蒼波竝走駹　　釋鞭瞻眺古樓厐
怪巖磅礴自然礎　　圓棟短長撐扶龐
檐下楣中名筆跡　　檻前階上竹仙跫
七豪今日吟高律　　拱手傾聽悉直邦

佳山 任奉壎

동해 푸른 파도와 나란히 달린 얼룩말인데
채찍 놓고 바라보니 옛 다락이 크도다
괴이한 바위가 울퉁불퉁 저절로 주추가 되고
둥근 기둥 짧고 길게 떠받치는 집이로다
처마 아래 현판은 명필의 자취이고
난간 앞 뜰 위에는 죽선의 발자국 소리로다
칠호는 오늘 높은 소리로 노래 부르니
공수하고 귀 기울여 듣는 실직의 나라로구나

萬里滄溟渺渺淙　　七豪春日加鞭駹
千尋壁上高樓特　　五十川中深沼厖
奇石龍巖傳聖穴　　淸歌仙妓必名腔
關東第一風光裏　　賡唱律聲何有雙

西原 金容大

만리 푸른 바다 물소리 아득한데
칠호가 봄날에 채찍하여 달려가니
천길 절벽 위에 높은 다락 우뚝하고
오십천 가운데에 깊은 못이 크구나
기이한 용바위 성혈이라 전해 오고
맑은 노래 멋진 기생 이름 있는 곡조로다
관동 제일가는 경치 속에
율시 소리 어느 누가 짝하겠는가

悉直古都特立龐　　闕東第一號稱厖
老香靑竹粧圍柵　　奇石烏巖自礎矼
五十川邊高爽檻　　千年前女長裳跫
登臨遊子追懷裏　　盍唱爲君歡醉腔

瀛州 金榮基

삼척 고도에 우뚝선 높은 집인데
관동에서 제일이라고 이름하네
오랜 향나무와 청죽을 울타리로 하고
기이한 돌 검은바위는 스스로 주추라네
오십천 변에 높은 다락 난간은 시원하고
천년전 명기의 긴 치마의 발소리로다
유자가 다락에 올라 추억을 회상하는 속에
그대를 위하여 시창 하나 어찌아니 부르랴

五十川邊青竹厖　　千尋絶壁一高龐
檻頭詩軸走佳句　　堂上淸歌待酒缸
柱下龍岩羅主魄　　檐東寺址妓仙跫
停車七客賡吟樂　　今日豪遊何有雙

雪荃 任準臣

오십천변에는 푸른 대가 무성한데
천길 절벽엔 하나의 높은 집이로다
난간 머리 시축엔 아름다운 시구가 달리고
당상에는 맑은 노래에 술항아리가 기다리는구나
기둥아래 용암은 신라임금의 넋이오
처마동쪽 절터는 죽죽선의 발자국 소리로다
수레를 멈춘 칠객의 노래는 즐거운데
오늘 호걸들이 노는데 뉘 있어 짝하랴

二月谷風走匹駹　　京儒當到淸長江
關東第一高樓特　　海北千年稱號厖
名妓竹仙歌舞檻　　龍岩聖穴羅王玒
昔時騷客吟遊處　　和律益豪三陟邦

又仁 慶佑秀

이월 곡풍에 말 한필을 달려
서울 선비 맑고 긴 강에 이르르니
관동 제일 죽서루 높고도 우뚝하고
바다 북쪽 천년에 일컫는 이름 크고나
명기 죽선 노래하고 춤추던 난간이요
용암 성혈은 나왕의 옥돌이로다
옛날 시객이 음유하던 곳인데
어울리는 가락이 삼척을 더욱 크게 하는구나

三陟高樓壓碧江　　深淵壁上蒼然龐
竹林環匝疎籬落　　水鳥閑遊夢濊邦
楝面騷人歌跡掛　　當時名妓淸吟聵
古來登此覓歌句　　如彼風流吾始雙

安一堂 李元熙

삼척의 높은 정자가 푸른 강을 눌렀는데
깊은 연못 절벽 위엔 고색창연한 집이로다
대나무 숲이 둘려 있는 성긴 울타리요
물새가 한가로이 놀며 예나라를 꿈꾸는구나
기둥 앞에는 노래 자취를 걸어놓았고
당시 명기의 맑은 노래가 귀를 울리더라
예부터 여기에 오르면 좋은 시를 불렀는데
저와 같은 풍류를 내가 비로소 짝하네

二月樓臺豪傑跫　　木蓮姸笑庭前厖
龍岩戴柱健莊立　　香竹爲籬風舞哤
五十曲川仙女浴　　千年長檻庯人雙
登臨忘事醉詩興　　不覺日斜霞彩江

三又堂 張善淑

이월 다락에 칠호들 발자국 소리 들리고
목련은 고운 미소로 뜰앞에 만발했구나
용바위 떠받든 기둥이 웅장하게 서있고
향나무와 대나무 울타리가 바람에 춤을 추네
오십곡천엔 선녀들이 목욕을 하는데
천년의 긴 난간엔 나무꾼이 두려워하고 있네
등림하여 모든 일 다 잊고 시흥에 취하는데
해 기울어 노을지는 것도 알지 못하는구나

죽서루(竹西樓)

때 : 4377(2004)년 3월 13일 토요일

곳 : 강원도 삼척시 성내동

오늘은 삼척에 있는 죽서루를 탐방하는 날이다.

아침 7시반 마포에서 한사장 승합차로 안일당 삼우당이 와서 사당동에 8시에 도착하여 선생님을 비롯해 우리 일행이 합승하여 죽서루를 향해 출발했다. 여주 휴게소에서 차 한 잔씩 나누고 10시에 출발하여 평창 진부를 지나 대관령 첫째굴이다. 높은 산을 굴을 뚫고 산과 산 공간은 지주를 세워 교량을 놓아 고속도로를 만든 것은 감탄하지 않을 수 없다. 옛 구도로는 아흔아홉구비였으며 시간도 많이 걸렸지만 고공회전으로 귀가 멍했는데 지금은 직선으로 아주 상쾌하다. 굴을 일곱이나 지나니 10시 40분 서울서 강릉까지 2시간반에 달렸으니 옛날보다 많이 단축되었다. 외곽도로로 안인 동해를 지나니 노오란 산수유꽃이 우리일행을 봄맞이하게 하고 바로 푸른 동해바다가 시원하게 보인다. 삼척해수욕장 환성굴 입구를 거쳐 죽서루에 도착하니 12시다. 다락에 올라 화문석을 펴고 설전은 시축에 매화를 그리고 선생님께서 화제를 내려주셨다.

토월반풍(兎月泮風)　이월달 얼음풀리는 바람에
유향비원(幽香飛遠)　그윽한 향기 멀리 날아가누나

우인이 시축에 썼다. 선생님께서 시창을 가르쳐 주시는데 그때 관리직원이 고성방가가 금지되어 있으니 다른 사람에 지장이 있다고 한다. 다락의 목적이 무엇인지도 모르고 관리한다고 하니 어이하리. 타일러 이해를 얻어 시창을 마치고 다락에서 내려왔다.

삼척시 성내동 오십천 절벽 위에 위치한 보물 제213호인 죽서루는 전면 5칸에 두 칸을 늘렸고 측면 두 칸의 직사각형 누각이다. 일반 누각의 기둥과 달리 자연석을 밑받침으로 한 것이 특색이다. 죽서루란 이름을 얻게된 것은 누각 동쪽에 옛날 죽장사라는 절이 있었기 때문이며 죽죽선이라는 명기가 있었다고도 전한다.

고려때의 문인 김극기의 한시 중에 죽서루에 관련된 시가 전해오고 있는 것을 보면 고려 때의 건물이 분명하다. 그 후 조선 태종때 당시 삼척부사 김효손에 의해 옛터에 다시 건립되었다 한다. 죽서루의 아름다움은 바다와 떨어져있어 오십천 가파른 절벽 위에 있다. 또 큰 하천이 동으로 흐르면서 굽이쳐 50여개의 여울을 이루는데 죽서루아래 이르면 푸른 층암절벽이 매우 높이 솟아있고, 여울져 감돌아 흐르는 푸른 물을 보면 누구라도 감탄이 절로난다. 절벽 위에는 오래된 향나무가 버티고 있고 양측면은 괴석과 용문바위가 있으며 신라 30대 문무왕이 돌아가 바다에 묻혀 용이 되어 나라를 지키기 위해 동해의 구석구석을 살피며 다니는데 저 용암굴이 바로 문무왕 용이 드나드는 바위구멍이라 성혈(聖穴)이라고 한다. 앞면양쪽은 오죽 산죽 세죽이 숲을 이루고 산수유가 많은 꽃을 피우고 있었다. 죽서루 편액은 부사였던 이성조의 글씨고 허목, 이규헌 등 글씨들이 걸려있다. 죽서루를 나와 정나진 돌고래횟집 이층으로 올라가니 푸른 바다가 보여 시원하구나. 드디어 회가 나왔는데 눈과 지느러미가 살아움직인다. 설전은 차마 못보겠는지 깻잎으로 머리를 덮어놓는다. 그 마음은 무얼 의미하는지 생각하게 한다. 점심을 먹고나니 3시20분! 올라오며 낙시터 등 창해의 끝없이 펼쳐진 동해바다를 바라보니 마음도 맑아지는 것 같다. 흐뭇한 마음으로 서울로 왔다. 현정씨의 시를 덧붙인다.

百尺高樓重壓江　　奇岩絶壁幽香茳
靑松右圍萬年節　　烏竹左籬千歲悾
昔日佳人遺美語　　今時過客照詩釭
白鷗蒼海徘徊裏　　稀少近來騷軸幢

瀛州 金榮基 씀

예주 김영기 집필

憑虛樓

빙허루

4 文韻

雉嶽山南寧越陲　　酒泉江上高樓丕

四方瞰下衆峰繞　　一面仰中亭閣褘

麗主與臣賡唱曲　　紅巾侵入播遷悲

七豪大喝當時事　　何日回天古九夷

佳山 任奉壎

치악산 남쪽 영월 변두리에

주천강 위에 높은 다락이 크구나

사방을 굽어 보니 뭇 봉우리가 둘려 있고

한쪽을 쳐다보니 정자가 아름답도다

고려왕이 신하와 더불어 이어 부르는 곡조인데

홍건적 침입으로 임금님 파천 온 슬픔이로다

칠호가 그때 당시의 일을 크게 꾸짖으니

어느날 되돌릴 것인가 옛 큰활 잘 쏘던 시절로

谷谷峯峯松栢差　　怪岩老石層層魑
碧江彼岸遊仙住　　白霧此樓騷客跠
麗主賡歌歸道樂　　賢臣言志不忠悲
京都諸事深思沒　　豈至今容異昔時

西原 金容大

골골 봉봉엔 송백이 들죽날죽하고
괴암 노석은 층층이 도깨비로다
푸른 강 저 언덕 신선이 머물며 놀았고
흰 안개 이 다락에는 소객이 걸터 앉았구나
고려 임금 이어 부른 노래로 돌아가는 길 즐겼고
어진 신하 지은 시는 충성 못다함을 슬퍼했네
서울의 모든 일을 깊이 생각해보니
어찌 지금의 모습 옛날과 다르랴

寧越山川到處禕　　酒泉峰上一樓跮

濃煙靄靄檐邊起　　長水蜿婉柱下灕

往昔麗王賡唱咈　　至今京士律聲丕

武陵隔岸何無響　　羽化風流太古馳

瀛州 金榮基

영월 산천은 이르는 곳마다 아름다운데
주천강 상상봉에 한 누각 걸터 앉았구나
짙은 안개 뭉게 뭉게 처마끝에 일어나고
긴 강 구불구불 기둥 아래서 흐르는구나
옛날 고려왕 이어부른 노래 아른거리고
지금 서울선비 율읊는 소리 크도다
무릉건너 언덕에서 어찌 울려오는 소리 없는가
신선의 풍류는 옛날로 달려가는구나

聳出芙蓉四繞籬　　碧江蜿蚴山低縻
此樓屋脊白雲上　　彼閣檻頭靑霧陲
往昔賡歌何處在　　至今律唱孰和知
西天斜日暝暝裏　　蝸角爭權遊子悲

雪荃 任準臣

솟아난 봉우리는 사방으로 둘린 울타린데
푸른 강 구불구불 산밑을 감도누나
이 다락 용마루 끝은 흰 구름 위요
저 집 다락머리는 푸른 안개 가로다
지난 옛날 이어 부른 노래는 어느 곳에 있는고
지금의 율창은 누가 화답할 줄 알겠느냐
서쪽하늘 비끼는 해 어두워지는 속에
달팽이 뿔에서 권세를 다투니 나그네 슬픔이로다

早出東門走匹騏　　仲春百草路邊禕
人稱寧越高樓閣　　村號酒泉京客巵
往昔君臣賡唱樂　　至今男女情談毗
西山霞彩欄頭照　　此處登仙不覺時

又仁 慶佑秀

일찍 동문을 나서 한 마리 말이 달리니
이월달 길가엔 백초가 아름답구나
사람들이 일컫는 영월 높은 다락이요
마을 이름 주천은 서울 나그네의 술잔이로다
지난 시절 군신은 노래를 즐겼고
지금 남녀들은 정다운 소리 두텁구나
서산의 노을빛이 난간머리에 비치는데
여기 오른 신선들은 때를 알지 못하는구나

兎月春風草色毗　　奈生亭閣虛空離
酒泉碧水悠然繞　　陵谷白岩硏鍊奇
昔主賡吟憂國處　　今人陟岾望雲基
天涯北向涕流裏　　斜日西山來日期

安一堂 李元熙

토끼달 봄바람에 풀빛이 두터운데
영월 정자는 허공에 걸렸구나
주천의 푸른 물은 유연히 둘려있고
무릉계곡 흰 바위는 물에 갈려져 기이하다
옛 임금 나라를 근심하며 노래하던 곳이요
지금 사람은 올라와서 고향을 바라보는 터로다
하늘 끝 북쪽을 향해 눈물 흘리는 속에
비끼는 해 서산에 내일을 기약하네

松徑登攀樓閣褘　　春風翠色四方离
長江淸水悠悠貌　　深壑煙霞默默姿
遠主賡歌檐外響　　近朝律唱樑頭離
昔人餘澤猶傳幸　　今日豪遊有孰隨

三又堂 張善淑

소나무 지름길로 오르니 다락이 아름다운데
봄바람 푸른 빛에 사방이 밝구나
장강 맑은 물 유유한 모습이요
깊은 골 뿌연 안개는 묵묵한 자태로다
옛 임금 이어 부른 노래 처마 밖에서 울리고
근래 조정의 율창은 대들보에 걸려있다
옛 사람 여택 오히려 전함이 다행인데
오늘 멋진 놀이는 누가 있어 따르리요

빙허루(憑虛樓)

때 : 4337(2004)년 3월 27일 토요일

곳 : 강원도 영월군 주천면 신일리

강원도 영월군 주천면 신일리에 있는 빙허루를 향하여 아침에 서둘러 떠났다.

서울에서 두 시간 넘게 달려온 자동차는 주천면으로 들어섰다.

주천면에 있는 망산이 눈앞에 보였다. 주천면 사거리에서 좌회전을 하면 망산인데 앞좌석에 앉아계신 선생님께서 깜빡하셔서 사거리에서 길을 잘못 접어들었다.

겹겹이 포개어진 강원도 영월에 산길은 돌고 돌아도 또 굽이진 길이었다.

계절은 겨울 기운이 살짝 남아 있는 봄이라 망산에 감도는 생명의 용트림을 느낄 수가 있었다. 산모롱이를 굽이굽이 돌다보니 양사언이 머물던 요선정이 있는 무릉리 마을 앞을 달리고 있었다. 요선정 정자 아래를 돌돌돌 흐르는 개울물이 어찌 그리 맑고 깨끗한지 속살이 다 비쳤다. 마음 같아선 내려서 손이라도 담가보고 싶었지만 일정이 바쁜 관계로 그냥 지나치려니 마치 신선들이 시음을 즐기고 있을 것만 같아 아쉬운 느낌이 들었다.

한참을 잃었던 길을 찾아 헤매다 보니 빙허루를 감고 흐르는 주천강이 시야에 들어왔다.

망산은 눈앞에 다가와 섰고 산기슭 주천샘 앞에 차를 멈추었다.

주천샘에 대한 전설이 있는데 이 샘물은 양반이 오면 약주가 나오고 천민이 오면 탁주가 나온다고 하여, 어느날 한 천민이 양반의 행색을 하고는 약주가 나오기를 기다렸으나 약주가 나오지 않자 화가 나 부셨더니 그 후로 약주도 탁주도 나오지 않았다고 한다.

샘터를 오른쪽으로 끼고 등산로를 따라 빙허루를 향해 산길을 오르기 시작했다. 오솔길 양옆 솔숲을 오르니 봄기운에 이마엔 땀이 송글송글 솟아 나왔다. 싱그러운 바람은 솔숲을 헤엄을 치는데 춥고 긴 겨울을 이겨낸 노루귀 꽃이 하얗게 웃고 있다. 시선을 잡아끄는 봄풀들의 유혹을 뿌리치고 빙허루에 오르자 외롭게 버티고 있는 누각이 우리를 맞이했다.

우리 일행은 돗자리를 마루바닥에 펴고앉아 시축에 설전이 매화를 그리고 선생님께서 곡풍화발(谷風花發), 천리방향(千里芳香)이라 화제를 써주시고 들려주시는 역사를 공부하고 한 수씩 엮어 시창을 읊으니 마치 공민왕이 와서 듣고 있는 듯한 착각이 잠시 들었다. 빙허루는 누가 세웠는지 알 수는 없으나 신라 때에는 주천현에 속해 있었고 고구려 때에는 고을 이름이 주연현이라 불려져서 주연현에 있었다고 한다. 세월이 흐른 후에 얼마 전부터 원주시에 속해 있다가 현재는 영월군에 속하고 있다.

고려 공민왕 시절 홍건적의 난을 피하여 안동으로 피난갔다가 귀성하는 길에 이곳 빙허루에 올라 어려운 현실을 시를 지어 신하들과 마음을 나눈 자리이기도 하다. 그때 남겨진 시를 접해보고 싶지만 막연하다. 어떤 시를 지어 시름을 달랬을까 궁금하지만 기록이 없으니 아쉽기만 하다. 잊혀져가는 다락을 찾아 되새김하는 우리 일행들은 상처투성이로 울며 서있는 빙허루를 보고 마음이 아렸다. 망산 마루에 우뚝 자리하고 있는 관계로 일반인들이 오고가지 않았으며 등산객들의 쉼터 쯤으로 이용되고 있을 뿐이었다. 다락마루 바닥에 누군가 불로 바닥을 태운 흔적도 있고 붉은 기둥엔 민망하기 그지없는 낙서가 있었다.

사라져가는 역사의 흔적을 찾아 되새김하는 우리 일행들은 하나같이 안타까워했다.

훼손되지 않도록 보전하는 것이 문화관광과의 일이긴 하지만 모든 국민들의 의식을 일깨우는 계몽이 있어야 되지 않을까 싶다.

어릴 때 예뻐서 선생님 사랑을 독차지한 고향 친구 강외자가 시집을 와서 살고 있기에 소식을 전하였더니 그 친구는 바쁜 시간인데도 불구하고 반갑게 찾아 왔다.

지명을 넘었는데도 그 오히려 중후한 아름다움을 풍기고 있다. 우리와 함께 공부를 마치자 친구는 부득이 집으로 안내하여 맛깔스러운 점심을 해주어 모두들 시장한터에 아주 맛난 식사를 했다. 문화재 빙허루의 중요성을 함께 공부한 친구는 영월군청 담당자에게 빙허루를 보존하는데 세심한 관심을 기울이도록 부탁하겠다고 했다.

우리는 선조들의 문화가 잘 보존되지 못하고 심하게 훼손된 빙허루를 안타까워하며 공민왕이 잠시 머물고 간 자리를 뒤로하고 서울로 돌아왔다. 현정(賢禎)씨의 시를 소개한다.

寧越深溪山水禕　　峯頭飛宇一樓䠜
千尋柱下長江臥　　萬里檻邊高巘馳
歸路麗王吟會處　　周遊豪傑風流基
酒泉傳說爲看裏　　檻上賡歌醉後僖

삼우당 장선숙 씀

삼우당 장선숙 집필

泗沘樓

사자루

5 微 韻

百濟古都春色緋　扶蘇山頂高樓輝
花風赤赤檻中入　江水靑靑楹下圍
孤寺松林無語睡　小亭巖壁有心徽
盛衰往事追懷裏　今日京儒悲曲巍

佳山 任奉熏

백제 옛 도읍터에 봄빛이 아름다운데
부소산 이마에는 높은 다락이 빛나도다
꽃바람 붉고 붉게 난간 가운데로 들어오고
강물은 푸르고 푸르게 기둥밑을 에워싸도다
외로운 절이 송림에서 말없이 졸고 있고
조그마한 정자 암벽에서 유심히 빛나도다
성쇠의 지난 일을 돌이켜 보는 속에
오늘 서울 선비들의 애절한 노래는 높고 크도다

春日古都探訪騑　　東風山野百花徽

扶蘇城上登因杖　　送月臺墟築倣闈

半萬忠兵峰下淚　　三千宮女江中唏

悠悠長水無言裏　　治亂如何比是非

西原 金容大

봄날 고도를 방문했는데
봄바람 산야에 백화가 아름답구나
부소산성을 지팡이 집고 오르니
송월대 터 대궐같은 집이 서 있구나
오천 병사 봉우리 밑에 눈물이요
삼천 궁녀 강속에서 탄식하누나
유유히 흐르는 강물 말 없는 속에
치란이 어떠한고 시비를 가려본다

百濟古城春樹緋　扶蘇峯上一樓巍
蒼松深藪檻邊蔽　白馬長江山下圍
彼野唐兵喧聒響　此崖宮女投身睎
當時往事追懷裏　今日律聲悲曲歸

瀛州 金榮基

백제 옛 성엔 봄나무 향기로운데
부소산 봉우리 위로 한 다락이 높구나
푸른 솔 깊은 숲이 난간을 가리우고
백마강 긴 물줄기는 산 아래를 둘렀구나
저 들판엔 당병들 떠드는 소리 들리는 듯하고
이 언덕엔 궁녀들 몸 던지던 모습 보이는 듯
당시 지난 일들 추억을 회상하는 속에
오늘의 율 읊는소리 슬픈 곡조로 돌아오는구나

老大靑松鬱密葳　　白蘭點點城中馡

高樓赤檻谷風至　　長水滄波雲影飛

送月臺墟何處在　　落花岩畔孰人唏

忠臣烈士皆無語　　一坐賡吟詩軸緋

雪荃 任準臣

큰 고목 푸른 솔이 빽빽이 우거졌는데

백난은 점점이 성 가운데서 향기롭다

높은 다락 붉은 난간엔 골짜기 바람 이르고

긴 강 푸른 물결엔 구름 그림자 나는구나

송월대 터는 어느 곳에 있으며

낙화암 언덕엔 누구의 탄식인고

충신 열사는 다 말이 없는데

한 자리에 이어 부르는 노래 시축이 붉어지누나

申祀東風南走騑　　砥途兩域春花菲
一車當到城中靜　　層閣壓江雲上巍
濟史千年光落悲　　羅王萬世文傳徽
遙望山野煙霞斐　　往事如何有是非

又仁 慶佑秀

신사년 동풍에 남으로 말을 달리니
고속도로 양옆에 봄꽃이 무성하구나
한수레 성에 당도하니 성중이 조용하고
층을 이룬 다락은 구름 위에 우뚝하구나
백제 역사 천년의 빛이 떨어진 슬픔이요
신라왕은 만세토록 글로 전하는 빛남이로다
멀리 바라보이는 산과 들 안개가 아름다운데
지난 일 어떠한가 시비가 있겠는가

九十春光到處馡　　一車南走扶餘圻
城中高閣蒼然特　　山下長江蜿蟉頎
濟將誠忠傳說痛　　羅郎勇猛史書稀
千年往事在何所　　斜日西天霞彩徽

安一堂 李元熙

석달 봄빛이 이르는 곳마다 향기로운데
한 수레 남쪽으로 달리니 부여의 땅이로다
성중 높은 집은 예스러운 듯 우뚝하고
산밑 긴 강은 구불구불 길도다
백제 장수 충성은 전설이 아프고
신라 화랑 용맹은 역사에 드물도다
천년 지난 일 어느 곳에 있는고
비낀 해 서쪽 하늘에 안개빛만 아름답구나

遠見扶蘇松柏圍　　峯頭樓屋林中巍
登攀斜徑到山頂　　瞰下凉風振草馡
白馬江波紅淚咽　　落花岩畔靑苔葳
追懷當日沈悲感　　世事不知何是非

三又堂 張善淑

멀리 보이는 부소산은 송백으로 둘렸는데
봉 머리 다락 지붕이 숲 속에 우뚝하구나
비탈길 올라 산 정상에 이르러서
내려다보니 서늘한 바람에 풀 향기 진동하네
백마강 물결은 피눈물에 목이 메이고
낙화암 언덕에는 푸른 이끼 무성하다
당일을 생각하매 슬픈 느낌에 젖는데
세상사 알지 못하겠다 무엇이 옳고 그른지를

사자루(泗沘樓)

때 : 4337(2004)년 4월 10일 토요일

곳 : 충청남도 부여군 부여읍 쌍북리

도시의 분주함을 잠시 접어두고 옛 선비의 멋을 부려보자니 여러모로 부족한 내가 조금은 고단하다. 아침 일찍 집을 나서니 새잎을 스친 바람이 코끝을 간지럽힌다. 오늘은 동천칠호(東天七豪)가 결성되고 다섯 번째 충남 부여에 있는 사자루를 맞이하러 가는 날이다 첫째 날 첫째 운(韻) 동녘 동(東) 자를 가지고 영남루에 갔을 때는 겨울이라 바람이 몹시 차서 글씨를 쓰느라 딸아놓은 먹물이 얼고 손이 곱아서 손을 호호 불면서 글씨를 썼는데 이젠 봄이 완연하다. 사당역 1번출구로 올라가다 여러모로 배우고 가르치는데 열성적인 설전을 만났다. 함께 출구 밖으로 나가 보니 대기 중인 승합차에는 이미 예주 등 우리일행이 차안에 타고 있었다. 우리는 곧 사당을 출발하여 안양으로 가서, 갈산동 샘마을 앞에서 하얀 두루마기를 날을듯이 곱게 차려 입으신 선생님을 모시고 부여를 향해 떠났다. 전형적인 봄날씨 차창을 조금만 열어도 싱그러운 바람이 차안에 가득하다. 오늘 찾아가는 사자루는 한자로 사자루(泗泚樓)인데 사비성(泗沘城)의 비(沘)자와 자(泚)자가 비슷하여 붙여진 이름이라 하신다. 이어서 지명과 먹거리 교통수단 등으로 이야기 꽃이 피었다. 차는 북수원과 신갈을 거쳐 새로난 천안 논산간 고속도로로 들어서고 있다. 창밖으로 멀리 산과 들에 뽀얗게 봄아지랑이가 아른거리며 봄날의 기지개를 펴며 파란 싹을 움틔우고 있다. 옆 자리에 안일당은 현정과의 연락으로 부산한데 늦깎이 공부로 익산으로 유학을 간 현정이 우리와 합류하기 위하여 부여로 오기로 했는데 운전기사의 지나치는 안내로 공주로 오는 바람에 때아니게 공주에서 기다리는 한가한 시간을 보내게 되었다. 11시40분 현정을 만나고 우리는 다시 부여로 향했다. 부여에 이르니 속이 출출하여 시계를 보니 점심 때가 되었다. 금강산도 식후경이라 했던가 우리는 일단 점심을 해결해야 했다. 근처 식당을 돌아보다 부소산 입구에서 '청수 회천지'라는 간판이 붙은 집으로 들어가 그 집 주인이 정성스레 차린 회와 매운탕으로 맛있는 점심을 먹고 여유있게 나들이 길에 나섰다. 봄날 한낮의 따사로움이 눈부시다. 토요일 오후 한가로이 주말을 즐기려는 시민들과 학생들, 군데군데 산을 오르는 사람들이 보인다. 산으로 오르는 길은 정돈이 잘되어 있다. 입구에서 왼쪽으로 돌아 오르니 7, 80년은 족히 되었음직한 소나무가 척척 가지를 늘어뜨리고 늘어서 있고, 군데군데 벚꽃, 개나리, 진달래가 제 모습을 뽐내며 피어 있다. 한 20여분 올랐을까, 길 왼쪽을 보니 나무가지 사이로 물이 보인다. 백마강이다. 거기서 조금 더 오르니 단청한 다락 사자루가 보인다. 사자루는 정면 3칸 측면 2칸 이층 다락으로 '백마장강(白馬長江)'이라고 쓴 현판이 용이 꿈틀거리는 것같이 걸려있다. 사자루는 부소산성에서 제일 높은 곳으로 원래는 달 구경을 했다는 송월대가 있었던 곳으로 백제 때에는 이곳에 망대가 있었을 것으로 추정하고 있다. 1919년 임천면에 문루였던 개산루를 이곳에 옮겨 지으면서 사자루라 이름 지었다고 한다. 앞에는 강이 흐르고 언덕 밑에는 낙화암, 고란사, 백화정이 있다. 나당연합군이 침공하여 백제가 멸망할 때 수많은 백제 여인들이 백마강에 꽃잎처럼 몸을 날렸다는 낙화암, 그 원혼을 달래기 위하여 세웠다는 고란사, 백화정……, 우리는 선생님으로 부터 사자루에 대한 보충 설명을 듣고 시축에 설전이 그린 매화에 선생님께서 일루화풍(一縷花風), 유향입함(幽香入檻)이란 화제를 써주시니 시흥이 저절로 나 한가락씩 그런대로 읊어 목청을 돋구었다. 시회(詩會)를 마치고 우리는 산을 내려와 차에 올랐다. 차는 벚꽃이 만개한 부여 박물관 앞길을 지나 전에 한가락모임에서 다녀왔던 퇴암공 김거익을 기리는 부양정에 들러 새로 세운 시비(詩碑)를 돌아보고 귀경 길에 올랐다.

우인 경우수 씀

우인 경우수 집필

望仙樓

망선루

6 魚 韻

縠雨春風走一車　　西原城內層樓渠

厚楹長檻噲正好　　高礎飛檐師桷謂

昔日麗王留播越　　今時耆叟用休墟

千年老杏仙翁髣　　楣號何人倘筆歟

佳山 任奉燻

삼월 봄바람에 한 수레로 달렸는데

서원성 안에는 층루가 크더라

두툼한 기둥 긴 난간 시원한 마루가 좋고

높은 초석 나는 처마 덧붙인 서까래 슬기롭다

옛날엔 고려왕이 난리를 피해와 머물렀고

오늘은 늙은이들이 쉬는 터로 쓰고 있도다

천년 늙은 은행나무가 신선과 비슷하니

다락 이름을 어떤 사람이 그렇게 쓴 것인가

娘子谷名古號歟　　清風明月別稱譽

無心川曲潺湲水　　上黨公園高閣廬

昔日播遷麗主處　　今時遊詠京儒車

登臨覓句歌聲洌　　老杏檐前向檻呿

西原 金容大

낭자곡 이름으로 옛날에 불려졌던가

청풍명월로 특별히 칭찬해 부르도다

무심천 구비엔 잔잔히 흘러가는 물이요

상당공원에는 높은 다락집이로다

옛날엔 파천 온 고려임금 머물렀고

오늘엔 시를 읊는 서울 선비 수레로다

다락에 올라 시를 지어 읊는 소리 맑으니

늙은 은행나무 난간을 향해 입을 벌리더라

夬月春光花馥噓　　古城娘臂公園舒
千年老杏北傾體　　百尺高樓南面廬
昔日檻中麗主陟　　今時柱下衰耆躇
登臨京客賡吟裏　　十里庭前皆靜餘

瀛州 金榮基

삼월 봄빛에 꽃향기 뿜어 내는데
옛 성 청주에는 공원이 있구나
천년된 은행나무는 북쪽으로 기울었고
백척 높은 다락은 남쪽으로 향한 집이로다
옛날 다락 가운데는 고려왕이 올랐는데
지금 기둥 아래에는 늙은이들만 머뭇거리네
다락에 오른 서울손님 이어 부르는 노랫속에
넓은 뜰 앞은 다 고요해지는구나

娘臂古來養育譽　　藝林風月名聲閭

千年老樹忍傷處　　十丈高樓嚴瓦廬

麗主宿留青帝暖　　侍臣恐悸丹心餘

城中人物今何在　　獨有淸歌誰識余

雪荃 任準臣

낭비는 예로부터 교육으로 이름났는데

재주꾼 멋쟁이로 이름난 마을이로다

천년 늙은 나무는 참아내는 상처요

열길 높은 다락은 엄숙한 기와집이로다

고려 임금 머물음은 봄 귀신의 따뜻함이요

모시는 신하 두려워함은 충성의 나머지로다

성 가운데 인물들은 지금 어디에 있는고

맑은 노래는 있으나 뉘 있어 알아보랴

姑洗南行走匹車　　七人當到娘城墟
公園一面老槐特　　庭逕北端高閣攄
麗季稱名聚景號　　至今眉板望仙書
登臨賡唱律聲潔　　衆老檻頭長坐居

又仁 慶佑秀

음삼월 남으로 한 수레 달리어
일곱 사람 낭성에 다달았도다
공원 한쪽엔 늙은 느티나무요
뜰의 북쪽엔 높은 다락이로구나
고려 때는 취경이라 부르더니
오늘의 현판은 망선이라 했구나
올라와 이어 부르는 노래 소리 맑으니
뭇 늙은이 돗자리 깔고 길게 앉아 있구나

古邑淸州到一車　　公園春色滿濃餘
高樓風磬騷人迓　　大筆楣名羽客狙
杏木千年悲史抱　　桃花幾日榮華舒
西山斜照霞雲美　　京士賡歌上黨琚

安一堂 李元熙

옛 고을 청주를 한 수레로 도착하니
공원은 봄빛으로 무르익어 넘치누나
높은 다락 풍경소리 시인을 맞이하고
크게 쓴 다락이름 신선을 엿보더라
은행나무는 천년의 슬픈 역사를 품었고
복사꽃은 몇날이나 영화를 펼것이냐
서산에 비낀해에 노을빛도 아름다운데
서울 선비 부르는 노래 상당의 구슬이더라

古邑西原到一車　　公圓遇曲層樓渠
楣名三字遠離俗　　庭圃千坪喧會輿
麗主播遷留去處　　市民大事施行墟
七豪賡唱河人琴　　自古世稱高士閭

三又堂 張善淑

옛 고을 서원에 한 수레 멈추니
공원 귀퉁이에 층루가 크구나
현판에 세 글자는 멀리 속세를 떠났고
들에 천평 넓이는 무리들이 모여 시끄럽구나
고려임금이 파천 와서 머물고 간 곳이요
시민들에 큰 일이 베풀어지는 터로다
칠호가 부른 노래에 어떤 사람의 거문고인고
예부터 일컫기를 높은 선비의 마을이라 하였네

망선루(望仙樓)

때 : 4337(2004)년 4월 24일 토요일

곳 : 충청북도 청주시 상당구 남문로2가

오늘 우리의 행선지가 청주라 다른 때보다는 좀 늦은 9시가 넘어 사당역에서 출발을 했다. 날씨도 화창하고 뜻 맞는 시우들과 동행하여 그야말로 풍류를 즐기러 가는 이 기분 뭐라 표현을 할꼬. 누가 뭐래도 우린 모두 역마살이 끼었을꺼야. 후후 웃으며 정담을 나누는데 벌써 평촌, 선생님을 모시고 우리의 봉고는 신나게 달린다. 길 양편에는 복사꽃, 배꽃, 매화꽃들이 흐드러지게 피어 눈이 부시다.

어떻게 기흥 휴게소를 그냥 지나치리요, 허리 좀 편다는 핑계로 차 한 잔씩을 하고 김동길 교수의 시국강의 녹음소리를 듣다보니 11시30분, 청주 중앙공원에 도착했다. 공원 안에는 많은 어르신들이 여기저기 모여 봄을 즐기고 있었다. 망선루는 고려 때 지어진 정자로 이름이 취경루였는데 공민왕이 홍건적 난을 피해 안동으로 파천(播遷)하였다가 다시 올라오면서 그 해 11월 청주에서 머물 때 이 다락에서 시를 읊으며 답답한 마음을 달랬다고 한다. 또한 이곳에서 과거시험까지 보았고, 합격자의 방을 이곳에 붙였다고 한다. 그후 조선조 초에 한명회가 오늘의 이름으로 바꿨는데 이 다락은 청주에서 가장 오래된 건물로 청주가 문화도시임을 자랑하는 문화유산이다. 원래 청주의 옛 이름은 상당이며, 망선루는 도유형문화재 110호로 지정되어 있다.

문화재라 회손되지 않도록 일반에게 공개되지 않는 것을 선생님께서 청주시청 문화관광과로 공문을 보내 문화재 담당관의 허가를 얻어 잠깐 올라가기로 해 담당직원이 나와 올라가는 것을 안내해 주었다.

이 다락이야말로 우리의 역사를 묵묵히 보아온 지킴이가 아닌가, 한 옆엔 800년이나 된 은행나무가 아직도 푸르게 성성한 빛을 뿜어내고 있었다.

천천히 둘러본 우리는 다락으로 올라 시축을 펴 내가 매화를 그리니 선생님께서 삼월동풍(三月東風), 여향입금(餘香入襟)이라 화제를 써주시니 따라서 우리들은 율 한 수씩을 읊어댔다. 그리고, 선생님께 가르침을 받는데, 이곳의 어르신이 이런 좋은 모임은 처음이라며 동석을 원해 같이 시창을 하는데 한문을 많이 하신 듯 나름대로 창을 따라 부르시는걸 보니 많이 해 보신 듯하였다. 연신 감탄을 하며 정말 부러우신 듯 자리를 뜨며 마냥 아쉬워하며 내려가신다. 요즈음 누가 이렇게 정자를 찾아 시축을 써 읊으며 멋진 시창을 할 수 있단 말인가 으쓱해진다. 모두 선생님 가르침 덕분이 아닌가. 사실 많이 부족한데 언제쯤 잘할 수 있을까 마음만 조급해진다. 시회를 끝내고 우리는 점심을 하려고 망선루 담당안내원을 찾았으나 끝내 찾지 못하고 우리끼리만 바로 공원 앞 해물구이집에서 맛나게 점심을 먹고 귀경길에 올라 비교적 일찍 사당동에 도착했다. 청담(靑潭)이 나중에 시를 보내왔다. 여기에 소개한다.

古邑西原遺跡且　　公園一面高樓居
檻前老杏千年耐　　楣上板名三字歔
播越麗王何佇住　　善歌京客自躊躇
俗人誼語遠仙境　　但可閒民休息墟

설전 임준신 씀

寒風樓

한풍루

7 虞韻

匹馬加鞭到茂朱　　湖南第一層樓孤
赤裳城影長欄倒　　德裕山風高椲欹
昔日奸倭焚棄處　　年前道伯更興軀
楣名筆勢寒嚴裏　　世俗凡人不近夫

佳山 任奉爀

말을 몰아 달려 무주에 도착했더니
호남의 제일이란 층루가 외롭더라
적상성 그림자가 긴 난간에 들어오고
덕유산 바람이 높은 추녀에 부는구나
옛날에 왜적들이 불살라 버렸었고
몇 해 전에 도백이 다시 일으킨 몸이로다
다락 이름 붓글씨가 차고 엄한 속에
세속의 범인들은 가까이 하지 못하는가 보다

南走一車到茂朱　　邑中園畔古樓孤
白雲屋上閒遊笑　　靑鳥檻邊飛入娛
處處塔身銘戰事　　時時登客吹詩箛
庚寅紛亂追懷裏　　何日兩方通政敷

西原 金容大

남쪽으로 달리는 한 수레가 무주에 도착하니
읍 가운데 동산 언덕 옛 다락이 외롭구나
흰 구름은 지붕 위에서 한가로이 놀며 웃고
푸른 새는 난간에 날아들어 즐기는구나
곳곳마다 서 있는 탑에는 전쟁 일을 새겼고
때때로 오르는 객은 시 피리를 부는구나
경인년 난리를 미루어 회상하는 속에
어느 날 양쪽에 통하는 정치가 베풀어질꼬

立夏煙雲到茂朱　　公園畔側一樓姝
昔人大筆寒風劃　　今日高欄朔氣沽
壬亂倭兵焚棄惡　　辛治道伯再興愉
七豪圓坐賡吟裏　　老樹長枝婆舞娛

瀛州 金榮基

입하절 그윽한 경치 무주에 도착하니
공원 언덕 가에 한 다락 아름답구나
옛날 한석봉이 대필로 한풍이라 썼고
오늘 높은 난간에는 겨울기운 사온 듯하구나
임란때 왜병이 불태워버려 미웠고
신해년에 도백이 다시세워 기쁘구나
칠호가 둘러앉아 이어 부르는 노랫속에
늙은나무 긴 가지는 너울너울 춤추며 즐기도다

* 신치(辛治) : 1971(辛亥)년에 도지사 황인성이 다시 세움.

新綠公園寂寞郛　　前山古寺午鍾芋
高樓楣號石峯筆　　雄貌噲正黃伯敷
麗末碩人千載夢　　全羅名閣三寒軀
登臨一盞覆盆酒　　佳句未成皆罰斞

雪荃 任準臣

신록이 우거진 공원은 적막한데
앞산 옛 절에서는 종소리 크도다
높은 다락 현판은 석봉의 글씨요
크고도 시원한 마루는 황지사가 세웠도다
여말의 석인은 천년을 꿈꾸었고
전라도 이름난 다락 셋 가운데 하나다
올라와 한 잔의 복분자주 마셨으니
좋은 글 짓지 못하면 벌주를 받으리라

一縷淸風匹馬驅　　茂朱千里古都姝
赤裳山麓層樓閣　　靑藪園中諸種株
昔日被兵移永谷　　至今多幸環其區
東天七傑登臨裏　　賡唱律聲通八衢

又仁 慶佑秀

한 줄기 맑은 바람에 필마가 달려가니
무주 천리 고도가 곱도다
적상산 기슭의 층루각이요
푸른 공원에는 여러 종류의 나무로구나
전에 난리를 당해 영동으로 옮겨졌었고
지금 다행히 그 자리로 돌아왔도다
동촌 칠호 다락에 오른 속에
이어 부르는 율성이 사방팔방에 통하는구나

匹馬南馳向茂朱　　道中故友相逢愉

寒風高閣公園特　　立夏淸暉木葉姝

昔日外人兵火苦　　今時過客俗心悏

長欄四面煙霞滿　　一坐自然賡唱敷

安一堂 李元熙

필마로 달려 무주로 향하는데

도중에 옛 친구를 만나보니 기쁘더라

한풍이란 고각이 공원에 우뚝하고

입하의 맑은 빛에 나뭇잎은 곱구나

옛날엔 외인의 병화로 괴로웠고

지금은 과객의 속된 마음 근심이로다

긴 난간 사방에는 아름다운 경치인데

한자리 앉으니 저절로 노래가 나오더라

新綠薰風向茂朱　　停車下馬一樓姝

七豪談笑靑顔美　　千載星霜赤檻麤

昔日毁遷倭將命　　今時復建黃翁孚

賡吟淸曲飛檐外　　立夏斜陽止息晡

三又堂 張善淑

신록 훈풍에 무주를 향하는데

수레를 멈추고 내려보니 한다락 아름답구나

칠호의 웃음소리 푸른 얼굴이 곱고

천년 세월에 붉은 난간 거칠구나

옛날의 헐어 옮김은 왜장의 명령이요

오늘의 다시 세움은 황옹의 믿음이로다

이어 부르는 맑은 노래 처마 밖으로 나니

입하의 비낀 해가 신시에 머물러 쉬더라

한풍루(寒風樓)

때 : 4337(2004)년 5월 8일 토요일

곳 : 전라북도 무주군 무주읍 당산리

오늘은 어버이의 날이라 모두들 저녁을 집에서 해야 한다기에 비교적 일찍 사당역에서 8시30분에 만나기로 했다.

모두들 반가이 인사를 나누고 무주를 향해 출발을 했다.

이른 시간이어서 막히지 않아 9시쯤 평촌에 도착해 선생님을 모시고 기분 좋게 달렸다. 그간 산은 몰라보게 푸르러 보기 좋았으며 아카시아가 만개해 차창으로 스며드는 상큼한 꽃향이 그저 상쾌했다.

역시 김동길 교수의 녹음 강의는 계속 흘러나오고 차안은 뭐가 그리 좋은지 계속 웃고 떠들며 시끌시끌하다. 함께 해온 시간 때문인지 편안하게 이어지는 대화들이 여느 자리하고는 달랐다.

현정이가 전주에서 9시 50분 차로 무주로 온다는 전화가 왔다. 뒤늦게 공부한다고 얼굴보기가 힘들다. 안성휴게소에서 차 한 잔을 하고 11시30분 쯤 무주정류장에서 현정이를 만났다. 이곳에서 만나니 어찌나 반가운지 모두들 환호성이다. 한풍루는 바로 500미터 쯤 떨어진 아주 가까운 곳에 있었다.

한풍루는 전라북도 유형문화재 19호로 지정되었고 무주군 무주읍 당산리 공원에 있다. 호남 최고의 누각으로 남원의 광한루와 전주의 한벽정과 함께 삼한(三寒)이라고 한다.

대략 14세기 고려말에 건축된 것으로 시원한 바람이 주변을 감싸는 곳, 파아란 잔디 위에 우뚝하게 서있었다. 측면이 2칸 정면이 3칸

인 다락의 현판은 한석봉의 명필로 아주 힘찼다. 한풍루는 임진왜란 때 왜군의 방화로 불탄 것을 선조 32년(1599) 무주현감 임환(林懽)이 다시 지었고 그 뒤에도 몇 차례 고쳐졌다고 하며 한때는 일본의 소유로 넘어가 불교 포교당으로 사용되기도 했다. 해방 후에 금호루로 이름도 바뀌는 등 수난을 겪었으나 1971년 황인성 도지사가 모든 문화재를 복원하는 문화정치를 펴 신해문치(辛亥文治)라 하는데 무주군민들의 노력으로 옛 모습과 옛 이름을 찾아 오늘날 우리의 소중한 문화유산으로서 문화재로 지정되었다. 이 얼마나 다행한 일인가!

여기저기 비석이 있었는데 독립투사 참전비에 적힌 글귀가 다시금 숙연케한다.

우리는 시원한 다락에 올라 시축을 펴고 설전이 매화를 그리니 선생님께서 고각한풍상(高閣寒風上), 청향필하생(淸香筆下生)이라 써주시니 우리도 율시 한 수씩을 써서 읊으며 공부를 하고 바로 공원앞 식당에서 흡족한 점심을 맛나게 먹고는 현정이와 버스터미널에서 아쉬운 작별을 하고 시간상 구천동을 휘휘 돌아 귀경길에 올랐다. 빨리 서둘렀어도 7시30분. 선생님을 평촌에 내려드리고 또 다시 달리는데 계속 손전화가 울린다. 자식들이 항상 오늘만큼만 부모님께 관심을 가졌으면…… 흐뭇한 어버이들 곧 도착한다니까 그랴!!

서원 김용대 씀

寒碧樓

한벽루

8 齊 韻

乾月淸風到匹騠　命名寒碧一樓媞
楣中墨迹藤性動　楹下靑湖佳景綾
麗代王師揚誕降　鮮時守令數修齊
地靈奇絶多人傑　昔日三韓角逐璨

佳山 任奉熏

음사월 맑은 바람에 한 필의 말이 도착하니
이름하여 한벽이란 한 다락이 곱구나
중방 가운데 먹글씨는 등나무 성격으로 움직였고
기둥 밑의 푸른 호수는 아름다운 경치로 무늬졌네
고려 때 왕사의 탄강을 드날리고
조선시대 수령들이 보수를 자주했네
땅이 신령스럽기 더 없어 인걸이 많은데
옛날 삼한 시대부터 각축하던 구슬이로다

巳月遠探寒壁躋　　清風明月語源氏
靑山綠水非人界　　層閣和聲疑老嵇
三國昔時爭霸處　　四方今日觀光溪
登樓八景賡吟裏　　自遽斜陽傾仄西

西原 金容大

사월 멀리 탐방하여 한벽루에 오르니
청풍명월 이란 말의 근원이었네
청산록수가 인간 세계 아니오
높은 다락 노래소리 혜산이 이럴건가
옛날 삼국이 다투어 싸우던 곳이요
사방에서 오늘은 관광 오는 곳이로다
경치 좋은 다락에 올라 이어부르는 속에
어느덧 비낀 해 서쪽으로 기우네

奈吐山川景色媞　　一樓寒碧大湖堤
深淵綠水回千曲　　長檻淸風夢七奎
高德錦衣楮礎石　　名人揮筆嚬楣枅
嗚呼往事俗言合　　自古姸顔微幸禔

瀛州 金榮基

제천은 산천 경치가 아름다운데
한 다락 한벽루는 큰 호수 언덕이로구나
깊은 연못 푸른 물은 천 굽이 돌아들고
긴 난간 맑은바람은 일곱 시인 꿈꾸는구나
덕 높은 스님 비단옷이 주춧돌을 고였고
명인 현판글씨 찡그렸더라
아 지난 일은 속담에 드러맞으니
옛부터 어여쁜 얼굴이 행복은 적더라

山水共天一色霎　　往來遊客雙雙携

大湖深谷千峯沒　　高閣長欄七士躋

當日上人鄉國處　　昔時下道要鎭闉

淸風邑號豈無月　　祝促斜陽東嶺眂

雪荃 任準臣

산수는 하늘과 함께 한색으로 개었는데
오가는 유객은 쌍쌍이 손을 이끄네
큰 호수 깊은 골짜기 천봉이 묻혔고
높은 다락 긴 난간 일곱 선비 올랐구나
당일 스님의 고향 마을이요
옛날 영남을 지키던 중요한 문이로다
청풍 고을에 어찌 달이 없는고
비낀 해를 재촉하며 동쪽 고개를 바라본다

東出七人走匹騠　　加鞭到處義泉堤
天藍雲白微風快　　水綠山靑樓閣携
神氣靈峰生大德　　鼎爭要衝稱名蹊
沈潛遺跡復元起　　過客追懷往事悽

又仁 慶佑秀

동으로 나선 칠인이 말을 달려
채찍 더해 이르른 제천 언덕이로다
푸른 하늘 흰 구름 미풍이 시원하고
푸른 산, 푸른 물은 다락을 끼었네
신기한 영봉은 대덕을 낳았고
셋이 다투던 요충지라 명혜라 일컫는구나
잠기는 유적 옮기어 복원 하였는데
지나는 나그네 지난일 미루어 보니 쓸쓸하구나

古邑淸風匹馬騠　　山川景色若名媞

長江曲水大湖遂　　高閣噲正濃霧棲

鼎峙當時蝸角競　　錦衣碩德王師躋

追懷往事律聲懇　　斜日暮天霞彩鞋

安一堂 李元熙

옛 고을 청풍을 말 타고 달려가니

산천 경색이 이름같이 아름답구나

긴 강 구불구불 물은 큰 호수를 이루었고

높은 집 시원한 마루는 짙은 안개가 서렸구나

세 나라 당시에는 와각의 다툼이요

비단옷 큰스님은 왕사에 올랐도다

옛일을 돌아보며 읊는 소리 간절한데

비낀 해 저녁하늘에 노을 빛이 곱구나

巳月淸風寒壁躋　　湖天一色通靑媞
檻中騷客醉煙景　　檐上閑雲笑古嵇
大德立身鄕里福　　高樓定礎名人睼
七豪今日賡吟裏　　自古無雙詩史栖

三又堂 張善淑

사월 청풍에 한벽루에 오르니
호수와 하늘 한색으로 푸르러 곱구나
난간 가운데 소객들은 좋은 경치에 취했고
처마 위의 한가한 구름 죽림칠현을 비웃는구나
큰 스님 높은 벼슬 고향의 복이요
높은 다락 우뚝 세워 명인을 우러러봄이로다
칠호들이 오늘의 노래 읊는 속에
예로부터 짝이 없이 시사에 남으리로다

한벽루(寒碧樓)

때 : 4337(2004)년 5월 23일 일요일

곳 : 충청북도 제천시 청풍면 물태리

청풍명월의 근원인 충청북도 제천시 청풍면 물태리에 있는 한벽루를 찾아 동천칠호는 서울을 출발했다. 쪽빛 하늘이 산하를 눈이 시리도록 푸르게 물들여 놓았다. 굽이굽이 산허리를 끼고 돌아설 때마다 우리를 향해 다가왔다. 물러가는 산천이 마치 신선 동네를 달리고 있는 것처럼 느껴졌다. 한쪽으론 푸른 호수가 끝간데없이 이어져서 하늘과 수면이 맞닿아 있고 산모퉁이를 돌아 나올 때마다 녹음진 산이 성큼성큼 다가왔다.

오월 하늘엔 머리를 풀어헤친 새털구름이 유유히 흘러가고 마치 인간세상이 아닌 은하수에 한조각 배를 타고 가는 듯한 착각도 잠시 들었다. 아침 일찍 출발한 동천칠호가 한벽루에 도착하자 제천시 문화관광과에서 나온 박순덕 해설위원이 우리 일행을 기다리고 있었다. 고려이전 역사가 깃든 누정을 찾아오는 동안 충청도에 이렇게 아름다운 곳이 있다는 사실에 놀라웠다. 박순덕님의 안내를 받으며 한벽루 쪽을 향해 걸음을 옮겼는데 청풍 고장의 문화를 고스란히 지키면서 전해주는 박순덕님의 친절하고도 정성스럽게 안내해주는 모습에서 정이 깊은 고마움을 느꼈다.

옛 청풍 고을의 농경사회와 한국전통 가옥을 보존한 문화재와 좌측으론, 부사 현감, 현덕비 효자비 열녀비가 모여 있는 지석묘 사이를 지나니 한벽루 전경이 한눈에 들어왔다. 발길을 멈추고 사방을 둘러보니 푸르른 산이 병풍을 이루고 넓은 호수 언덕위에 자리한 옛 다락이 한가로왔다. 부드럽고 곱게 날아오르는 듯 추녀 끝에는 옛 정취가 그윽하다. 한벽루는 고려 충숙왕 41년(1317) 청풍현이 청풍군으로 승격되자 이를 기념하기 위해 세워진 건물이다. 승격이 된 이유는 이 청풍 고을에서 학덕이 높으신 정공 스님이 계셨기 때문이다.

고려때 불교가 왕성하였기 때문에 왕의 스승을 덕이 높으신 스님으로 모시던 시절이다. 한벽루는 제천시 보물 제528호로 지정되어 있다.

고려 충숙왕 41년, 1317년 청풍현이 군으로 승격되면서 정공 스님의 입신을 기념하기 위해 객사 동쪽 청풍면 읍리 203-1번지에 관아의 부속 건물로 세워진 것이다.

한벽루는 800여년의 세월을 지내오면서 여러 차례 중수되었다.

1972년 8월 수해로 완전히 파손된 것을 1975년 복원하였다가 충주댐 공사로 인해 수몰되기에 이르러 1982년부터 1985년까지 현재 원형대로 이전하여 복원하였다. 한벽루에 올라 시창으로 역사를 읊어보려던 꿈을 접어야만 했다. 다락 보수공사를 하고 있던 관계로 오르지 못하고 팔영루로 올랐다. 박순덕 해설위원님의 일정이 바쁜 관계로 여기에서 아쉬운 작별을 했다. 시축에 설전이 난초를 그리니 선생님께서 화제로 청풍한벽루(淸風寒碧樓), 군자유향초(君子幽香草)라 써주시니 우리들도 한 수씩 읽어서 시창을 읊는데 선생님의 왼쪽으로 여민 하얀 두루마기가 뿌연 안개 속에 깨끗한 학의 모습처럼 보였다. 지금까지 누정을 찾는 동안 이렇게 아름다운 자연이 곁에 있음이 행복했다. 이 아름다운 풍광 속에 찬연히 빛나는 고려의 역사를 보전하는데 동천칠호의 역할은 한 획을 그을 것이라 믿어 본다.

삼우당 장선숙 씀

映湖樓

영호루

乾月永嘉山野佳　　洛江南岸高樓齋
楣名三字麗王筆　　灰柱千年水害牌
北賊來侵車駕至　　東倭圖策將軍祡
何時震域復檀國　　天末響聲頏頡⿰皆風

佳山 任奉壎

사월달 안동땅은 산과 들이 아름다운데
낙동강 남쪽언덕엔 높은 다락이 깨끗하구나
중방의 이름 석 자 고려왕의 붓글씨요
양회기둥은 천년의 수해 막는 방패로다
북쪽 도적이 침범해오니 임금님 수레가 이르렀었고
동쪽 왜를 도모하려고 장군이 천제를 지냈었도다
어느때 동쪽 진역이 옛 단군시대를 회복할꼬
하늘 끝 울리는 소리 바람따라 들려오네

盛夏福州尋訪涯　　映湖高閣壓靑湝
七言詩板先公句　　三字楣名麗主佳
往日攻倭忠烈事　　今時唱詠愚孫喈
檐邊雲影漸加墨　　侔祖何方除呌哇

西原　金容大

여름에 안동을 찾은 물가인데
영호루 높은 다락 푸른 물을 눌렀구나
칠언 시판은 선조께서 쓰신 글이요
석자 현판은 고려 임금의 글씨로다
지난 날 왜를 친 것은 충렬의 일이요
지금 시 읊는 소리는 후손의 지껄임이로다
처마엔 구름 그림자 점점 어두워지는데
어찌하면 조상을 본받아 시끄러운 소리 제거할꼬

乾月福州風景佳　　映湖樓特長江崖
嗆正騷客醉詩興　　飛椼浮雲傾調齋
麗主揮毫楣板賜　　嶺儒盡款礎盤諧
七豪一坐吐胸裏　　賢德泰平何世偕

瀛州 金榮基

사월달 안동은 풍경이 아름다운데
영호루가 우뚝한 긴 강의 언덕이로다
시원한 마루의 소객은 시흥에 취해 있고
나는 듯한 추녀의 뜬구름은 곡조에 귀 기울이네
고려임금 휘호한 현판을 내려 주었고
영남유림 정성다해 기초 반석같이 어울리네
칠호가 일좌하여 흉금을 토로하는 속에
현덕의 태평세월 어느 때 함께 할 것인가

洛水悠悠萬里湝　　雙橋長幹往來涯
松林樓檻呼詩客　　江岸風光執駕騧
石礎高方千載固　　灰楹大飽卄餘骸
數回霖雨改移築　　輒忘斜陽潛古懐

雪荃 任準臣

낙동강 물은 유유히 만리를 흐르고
쌍교 긴 줄기 오고 가는 물가로다
송림의 다락은 시객을 부르고
강언덕 풍광이 지나는 말을 잡는구나
주춧돌 높고 모나 천년에 단단하고
회기둥 크고 배부르니 이십여 뼈대로다
여러번 장마비에 고쳐 옮겨 지었고
문득 해 지는 것도 잊고 옛 생각에 잠겼구나

千里安東匹馬騙　　洛江水畔高樓佳
昔時古舍彼林閣　　今日新亭此岸齋
檐下揮毫麗主跡　　軸頭蘭馥雪荃懷
西山落照長欄入　　賡唱騷人顔赤娃

又仁 慶佑秀

천리 안동을 필마로 달려가니
낙동강 변 높은 다락 아름답구나
전에는 저 수풀 속에 있었는데
오늘 새 다락은 여기에 옮기었구나
처마 밑 현판은 고려왕의 자취요
시축 난초 향기는 설전의 생각이로다
서산 낙조가 긴 난간에 드리우니
노래하는 시인의 붉은 얼굴 곱구나

洛水福州新綠佳　　映湖樓坐靑林崖
洋灰楹質長年夢　　麗主楣名古色諧
詩板風流過日樂　　噲正空寂今時乖
碧波淡淡無言裏　　他是七豪淸曲偕

安一堂 李元熙

낙동강 복주에 신록이 아름다운데
영호루는 푸른 수풀 언덕에 앉았도다
양회 기둥은 오랜 해를 꿈꾸었고
고려왕의 현판은 고색이 어울리는구나
시판의 풍류는 지난날 즐거움이요
시원한 마루 쓸쓸함은 오늘의 어긋남이로다
푸른 물결 맑고 맑아 말 없는 속에
그 이 칠호들의 맑은 곡조가 함께하는 구나

古邑永嘉景色佳　　洛江千里水聲諧
綠陰衆鳥快欣曲　　聳出一樓松柏崖
舊主親書嘆息跡　　今人賡唱風流懷
楝頭詩板昔儒句　　檻下長波吟遠排

三又堂 張善淑

옛 고을 안동에 경색이 아름다운데
낙동강 천리에 물소리가 어울리네
녹음 속의 새들은 기쁘게 노래하고
높이 솟은 한 다락 송백의 언덕이로다
옛 임금 친히 쓴 글씨는 탄식의 자취요
오늘 사람들 부르는 노래는 풍류의 회포로다
기둥머리 시판엔 옛 선비들의 글귀인데
난간아래 긴 물결은 소리내며 흘러가네

영호루(映湖樓)

때 : 4337(2004)년 6월 12일 토요일

곳 : 경상북도 안동시 정하동

아침일찍 7시반에 마포에서 출발하여 사당동에 도착하여 설전과 서원이 합승하고 바로 출발하여 안양 평촌에서 선생님을 모시고 중앙고속도로로 진입하여 치악휴게소에서 휴식한 다음 안동으로 달려 11시30분 영호루에 도착했다.

안동시 정하동에 소재한 즉 낙동강 하류 야산 언덕에 있는 영호루의 풍치가 아름답다. 예부터 이 고장의 선비들은 세간의 명리와 영달을 뜬구름으로 여기고 산수와 풍광이 아름다운 곳에 누정을 지어 강호의 갈매기와 벗하며 독서와 소요로 유유자적한 삶을 추구하였다. 영호루는 이 고장 선인들의 정서가 살아숨쉬는 곳으로 밀양의 영남루 진주의 촉석루와 더불어 영남의 삼대누각의 하나다. 이 누각은 예로부터 건너편 강언덕에 있었는데 홍건적의 난으로 이 고장에 머물렀던 공민왕이 영호루에 올랐던 인연으로 친필 편액을 하사받아 1368년에 새로 이 누각을 짓게되었다. 근세에 와서 1943년 다시 홍수로 유실되어 없던 것을 1970년 현 위치에 짓게 되었다. 낙동강 상류 영좌명루라 대필로 쓴 현판은 다락안에 걸려있으며 부사 김학순 글씨라 한다. 건물의 구조는 마루만 목조이고 안타깝게도 돌로 깎은 기초석 1미터가량 그 위에 기둥부터 콩크리트로 되었으며 지붕은 기와로 언저 단청이 잘되어 있었다. 정면 5칸 측면 4칸으로 2층 큰다락이다. 정면에는 낙동강이 구비쳐흐르고 그 위로

철도와, 구도로 신도로 교량이 한층 돋보였다. 수목이 울창하여 다락을 둘러싸고 있어 우뚝하게 보이지는 않았다. 다락에 올라 선생님께서 유래를 설명하시고 설전의 난초그림에 화제로 영호루상(映湖樓上), 비입유향(飛入幽香)이라 써주시니 우리들이 읊은 시를 시축에 쓰고 시창을 마치고나서 다락을 둘러보니 한 판각이 눈에 들어왔다. 1270년 고려 김방경 장군이 일본정벌차 영호루에 올라 시를 읊었던 것이다.

東征日本過次福州 登映湖樓
일본정벌차 지나는 길에 안동 영호루에 올라

山水無非舊眼靑	산수는 예같이 푸르지 않음이 없는데
樓臺亦是少年情	누대 또한 소년시절 정이로다
可憐故國遺風在	가히 고향의 옛풍속 남아 있는데
收拾絃歌慰我行	수습하여 거문고 노래로 나의행차 위로하는구나

우리 서원의 조상이 아닌가. 서원의 가슴속엔 무엇이 흐르고 있을까 아마도 뜨거운 무엇인가가 뭉클 솟아오르고 있으리라. 옛날 할아버지가 읊고 그 자리에서 먼 뒷날 손자가 와 읊고…… 감격스러웠다! 점심식사를 하러 도산서원 쪽으로 갔다. 메기매운탕 집을 찾아 점심을 먹고 나서 도산서원으로 갔다. 서원을 둘러보고 나서 하회마을로 찾아갔다. 전시관에 들르니 전시유물과 아울러 영국여왕 사진이 함께 전시되어 있었다. 마을을 둘러 유성룡 형제 생가 충효당, 양진당, 유종영 유운용 부자 분의 큰 종가 등을 두루 보고 6시가 되어 서울로 출발했다. 무섭게 달려 원주 치악산 휴게소에서 휴식을 하고 안양평촌에서 8시에 저녁식사를 하고 헤어졌다.

예주 김영기 씀

學士樓

학사루

10 灰 韻

古邑含城匹馬催　　巨街一角高樓魁
楣中墨跡千年史　　檻外騷音萬世悝
羅末大儒唐亂檄　　鮮初郡守板詩推
禍源發穗現場覺　　今日七豪能筆晐

佳山 任奉燻

옛고을 함양으로 필마를 재촉하니
큰거리 모퉁이에 높은 다락이 크도다
현판의 필적은 옛날의 지난 역사이고
난간 밖 시끄러움은 앞날의 긴 근심거리로다
신라말 큰 선비는 당나라 난리에 격문을 썼고
조선초 군수는 시판을 밀쳐 떼어 버렸도다
화의 근원의 싹을 현장에서 깨닫고 보니
오늘에 있어 칠호들은 붓을 잘 갖춰야겠다

早發漢城千里催　　古都咸邑層樓開
柱聯句句主人顧　　檐水聲聲遊子欸
唐代二詩山澗盞　　羅時一曲天河杯
往吟侔迹淸歌裏　　地上無雙萬世祴

西原 金容大

서울에서 일찍 나와 천리 길 재촉하니
옛 도읍 함양땅 한 다락 열렸구나
주련의 글귀는 주인을 돌아보게하고
처마 물소리는 나그네의 탄식이라
당대의 두 시는 산간의 표주박이요
신라의 한 곡조는 은하수의 잔이로다
지난소리 본떠서 맑은 노래 읊는 속에
이 땅에는 둘도 없는 만세의 풍류로다

千里咸陽匹馬催　　高樓景色雨中開

頭流谷裏煙雲散　　學士欄邊府寺晐

羅末文華風月樂　　鮮初儒者板詩猜

昔今京事孰非是　　侔主淸歌期後來

瀛州 金榮基

천리 함양 필마로 재촉하니

옛 다락 경치 우중에 열리는구나

두류산 골짝에는 안개구름 흩어지고

학사루 난간가에는 관청들이 갖추어져 있네

신라 말의 문인은 풍월을 즐겼고

조선초의 선비는 시판을 시기했네

예나 지금이나 서울 일은 누가 옳고 그르겠는가

주인을 본받아 맑은노래로 후일이나 기약하리라

節候端陽甘雨該　　高樓四面靑肥槐
邑中聳閣大街列　　園內飛檐洪陛開
昔日主人天地動　　今時遊子文聲回
千年往事多傳說　　無迹空墟煙霧嵬

雪荃 任準臣

단오절에 때맞게 단비가 더했고
높은 다락 사면에는 푸른 느티나무 살졌구나
읍 가운덴 높은 집들이 큰 거리에 벌려있고
동산 안엔 나는 듯한 처마가 넓은 뜰에 열렸더라
옛날 주인은 천지를 움직였고
오늘의 선비는 글소리를 돌리는구나
천년 지난 일 전설이 많은데
자취 없는 빈 터에는 안개만이 높더라

五月山河雨霧灰　　東天七傑咸陽來
千年高閣巷中特　　百尺長欄礎上該
羅代名儒盤足跡　　鮮時史禍發生哀
登臨過客律聲大　　後世有誰賡唱偕

又仁 慶佑秀

5월 산하 비안개 뿌연데
동천칠호 함양에 왔도다
천년 고각 거리에 우뚝하고
백 척 긴 난간은 주추 위에 갖췄구나
신라시대 높은 선비의 자취가 어리었고
조선시대 슬픈 사화가 발생한 곳이로다
지나는 나그네 다락에 올라 읊는 소리 큰데
후세 누가 있어 이 소리를 함께 하겠는가

當到咸陽雨脚催　　邑中古色一樓開
千年長命蒼然特　　七客暫登詩興培
學士守鄕風月處　　俗儒板刻惡緣臺
主人往筆敢誰執　　今日黃巢皆破摧

安一堂 李元熙

함양에 당도하니 빗발이 재촉하는데
읍 가운데 옛날의 한 다락이 열리는구나
천년의 긴 세월이 창연하게 우뚝하고
일곱 나그네 잠깐 올라 시흥을 붇돋는구나
학사가 고을을 지키며 풍월하던 곳이요
속된 선비 시판으로 악연을 만든 집이로다
주인의 지나간 붓을 감히 누가 잡아서
오늘의 황소를 누가 다 깨고 꺾을까

千里咸陽加策騋　　雨中古色一樓嵬

高檐落水昔儒曲　　長檻筆言今客欸

羅代文明通海外　　鮮時學士亂王坏

噲正往事慇懃裏　　退久丹靑尙好齋

三又堂 張善淑

천리 함양을 채찍을 더해 달리니

비 가운데 옛 색갈의 한 다락이 높구나

높은 처마 떨어지는 물은 옛 선비의 곡조요

긴 난간 붓글씨는 오늘의 나그네 탄식이로다

신라 때 문명은 바다 밖에까지 통했고

조선 시대 선비들은 왕의 담장을 어지럽혔다

시원한 마루의 지나간 일들이 은근한 속에

오래된 단청이 오히려 깨끗하구나

학사루(學士樓)

때 : 4337(2004)년 6월 19일 토요일

곳 : 경상남도 함양군 함양읍 상리

전국이 태풍권이다. 아침부터 비가 오락가락 하고 바람은 스산하다. 오늘은 동천 칠호 열 번째 나들이 하는 날, 한시(漢詩) 열 번째 운(韻),회(灰)자를 가지고 경남 함양에 있는 학사루에 가서 공부 하는 날이다. 사당에 이르르니 8시가 조금 지났다. 차에는 이미 오늘 함께 갈 사람들이 차에 타고 있다. 차는 선생님을 모시기 위하여 평촌을 향해 출발했다. 잠시 후 안일당은 스스로 생각하기에 옛날 일이 꿈만 같아서인지 어릴적 먹거리와 입성에 대한 이야기를 꺼냈다. 물자가 귀하고 어려운 시절에 대한 향수와 애절함이 절절하여 간혹 화제에 자주 오르는 얘기다, 허나 우리 부모님들의 세대는 그보다 훨씬 더 혹독한 어려움을 겪고 살았으니, 큰 오라버니 세대인 서원의 얘기를 끌어내자, 그 얘기는 이내 덮여지고 만다.

차가 달려 안양 샘마을 앞에 이르자, 하얀 두루마기를 깨끗하고 단정하게 차려 입으신 선생님이 우리를 기다리고 계신다. 우리는 선생님을 모시고 오늘의 목적지인 함양을 향해 출발했다. 북수원을 지나고 09시 10분 신갈 나들목을 거쳐 경부 고속도로로 들어섰다. 차들이 뽀얗게 물보라를 일으키며 달리고 있다. 10시 26분 죽암 휴게소에 들러 잠시 쉬었다가 출발하며 안일당이 선생님께 최충의 시(詩) 이야기를 묻자, 이야기는 이내 발전하여 유학(儒學)의 연원(淵源)으로부터 오늘 탐방하는 학사루에 관한 이야기, 조선 시대의 파당(派黨)이 생기게 된 연유로 이어져 발전해 나갔다. 10시 30분 비룡 분기점을 지나고, 대전 통영간 고속도로로 들어서 덕유산 휴게소를 지나고, 육십령 터널을 지나자, 서서히 안개가 걷히고 날이 개고 있었다.

11시 40분 함양 나들목에 들어서자 입구에 "충효의 고장"이라고 커다랗게 돌비석에 새겨져있다. 비가 개자 하늘과 산과 들은 더없이 맑고 푸르다. 함양 나들목을 빠져나와 얼마가지 않아 시가지가 나오고 바로 초등학교와 군 청사가 있는데, 군 청사 앞에 이층 다락이 보인다. 다락 현판에 학사루라고 크게 휘갈겨 쓴 글씨가 걸려있다. 다락에 이르르니 11시50분, 미리 연락을 받고 나온 군 직원 김군규, 박숙향씨가 함양 안내서와 학사루에 대한 시(詩)를 한편 전해 주며 친절히 안내해 준다. 학사루는 본래 길 건너편에 있었는데 학교가 들어서면서 현 위치에 옮겨졌다고 한다. 우리는 다락 이층으로 올라가 자리를 펴고 학사루에 대한 공부를 시작했다.

전면 5칸 측면 2칸 겹처마 층 마루인 학사루는 우리나라에 현존하는 다락중 제일 오래된 다락이며 신라 시대에 최치원이 여기에 와서 함양유수를 지냄으로써 그가 학사였기에 붙여진 이름이라 한다. 전국적으로 최고운이 자취를 남긴 곳은 거의가 명승지 아닌 곳이 없는데, 유학 연원을 따지자면 설총으로 올라가지만, 시 풍류 글 짓는 데는 고운 최치원을 따라갈 인물이 없기 때문이며, 전에도 범세동의 화동인물 총기와 화해사전에서 나왔지만, 최치원에 대한 출생과 관련한 그의 비범함, 파경노 이야기, 당나라에 유학을 떠날 때의 공부에 대한 다짐, 과거 시험에 얽인 사쾌시 이야기, 황소의 난을 진압한 격문은 상서롭고, 지혜롭고 가히 우리 민족의 기개를 마음껏 들어낸 쾌거가 아닐 수 없다. 그리고 또 학사루에 얽힌 이야기, 다락에 걸린 시편을 떼어낸 것이 발단이 되어 사화로 비화한 사건은 인간의 마음이 얼마나 무서운 것인가를 보여주는 안타까운 사연이 아닐 수 없다.

시축을 펴고 설전이 난초를 그리고 선생님께서는 칠호지어(七豪之語), 기취지란(其臭芝蘭)이란 화제를 써주시고 우리들은 시 한 수씩을 읊고 공부를 마치니 1시가 지나 점심시간이 조금 넘어서고 있다. 다시 오늘 안내를 해준 직원에게 공부가 끝났음을 알리고 점심이나 함께 하기를 권했으나 극구 사양한다. 우리가 점심을 해결할 곳을 묻자 이 고장에는 청학산 콩잎 곰국이 유명하다고 일러준다. 우리는 그가 일러준대로 남원쪽으로 가다가 고개 넘어 청학산 식당으로 가 이 집의 주제 음식인 콩잎 곰국을 맛보았다. 콩잎 곰국은 소뼈를 우린 물에 된장을 풀고 콩잎을 넣어 끓인 것인데 맛이 색다르다. 모두들 느낌이 각각인 것 같다. 식사를 마치고 나오자 오락가락 하던 비는 빗줄기가 더욱 굵어졌다. 우리는 다시 차에 올라 빗속을 헤치고 서울로 향했다. 오동 터널, 장수, 장계 나들목 서울로 가는길은 비로인해 낮인데도 운무 현상으로 길이 어두워 차들이 안개등을 켜고 다닌다. 빗길을 무릅쓰고 서울 근처에 이르르니 해는 지고 벌서 어둑어둑하다. 우리는 의왕 유천식당으로 가서 저녁을 해결하고 오던 길에서 선생님을 배웅하고 오늘의 출발지 사당에 돌아와 오늘의 일과를 마쳤다.

우인 경우수 씀

聞韶樓

문소루

11 眞 韻

千里義城匹馬臻　　萬年靈地高樓珍

九峯山麓明堂址　　三面坪田稔泰氤

今日楣名懷舜代　　昔時邑號招文人

登臨一喝京都事　　何在回來韶舞辰

佳山 任奉壎

천리의 의성을 말을 타고 이르르니

만년의 신령스런 땅 높은 다락이 보배롭구나

구봉산 기슭의 명당 터요

삼면의 평평한 밭 풍년의 기운이로다

오늘의 다락이름 순임금 시대를 그리워하고

옛날의 고을 이름 문인들은 좋아했네

다락에 올라 한 번 서울 일을 꾸짖는데

언제 돌아오리 소무 추던 그 때는

小暑義城千里巡　　登臨亭閣古都贇
飛峰山上白雲發　　南大川中青水粼
夫子聞韶忘肉味　　先儒板句感過人
檻頭淸曲滿天地　　草木無言傾耳身

西原 金容大

소서에 의성 천리를 찾아들어
다락에 오르니 고도가 아름답구나
비봉 산상에는 흰 구름이 일고
남대천은 푸른 물이 맑구나
공자는 소를 듣고 고기 맛을 잊었고
옛 선비 판글은 지나는 사람을 감동시키네
난간 머리 맑은 곡조가 천지에 가득하니
초목도 말없이 귀 기울이는 몸이더라

梅夏薰風走四駰　　加鞭當到召文垠
九峯脈末一樓坐　　十尺楣名千載新
韶舞昔時來鳳鳥　　淸歌今日伴螿蠑
瞰臨四望快然裏　　霞彩山川忘世塵

瀛州 金榮基

장마철 훈풍에 한 필의 말을 달려
채찍을 가해 소문 언덕에 당도하니
구봉산맥 끝엔 한 다락이 앉았고
열자되는 현판은 천년이 새롭구나
옛날 순임금 음악엔 봉황이 와서 춤을 췄고
오늘날 맑은노래엔 매미가 짝하는구나
다락에 임해 사방을 내려다보니 상쾌한 속에
아름다운 안개의 산천은 진세를 잊게하는구나

探訪名樓五月晨　　義城洞口九峯臻

高楹飛楄古來衒　　長檻凉風過客迍

橒樹花中蟬噪樂　　梧桐枝上鳳凰馴

京儒覓句響檐外　　彷彿仙音山水瞤

雪荃 任準臣

이름난 다락 찾아 나선 5월 달 새벽인데
의성 입구 구봉산에 이르렀도다
높은 기둥 나는 처마 옛부터 자랑했고
긴 난간 서늘한 바람 지나는 나그네 머뭇거린다
가죽나무 꽃 가운데 매미소리 즐겁고
오동나무 가지 위엔 봉황이 길들도다
서울 선비 시를 지어 처마 밖으로 울리니
신선소리 방불하다 산수도 껌뻑이네

五月蟬聲處處陳　　七豪當到召文垠
九峰山頂一樓聳　　四季節中千客臻
樑上掛書皇鳥舞　　階邊鄉老午眠淪
遼望田野靑靑闊　　今歲作農冀盛繽

又仁 慶佑秀

5월 매미 소리 곳곳에 퍼지는데
일곱 사람 의성의 언덕에 당도했네
구봉산 꼭대기 한 다락이 솟았고
사계절 중에 많은 객이 이르는구나
들보 위에 걸린 글은 봉황이 춤을 추고
층계 옆에는 노인이 낮잠에 떨어져있네
멀리 바라보니 산과 들이 넓고 푸른데
금년 가을에도 농사는 풍년을 기다려본다

南道義城流俗淳　　點心果筥過分親

飽餮弄口淸談受　　探問路程重復諄

昔日邑名楣板合　　今時京客賡吟陳

綠陰蟬噪和長短　　太古鳳凰期必臻

安一堂 李元熙

남쪽 땅 의성은 풍속이 순박하다더니
점심엔 과일바구니로 과분한 친절이구나
배불리 먹고 농담에 맑은 말로 받아들이고
더듬어 묻는 길 거듭 가르켜 주더라
옛날엔 고을 이름이 다락 현판과 합했고
오늘날 서울 나그네 갱음이 베풀어졌도다
녹음 속 매미울음에 장단이 어우러지니
태고의 봉황이 기필코 올것이로다

古色義城層閣珍　　聞韶楣號七豪親
噲正詩軸爽風去　　長檻律聲蟬噪吱
舜入中原行大法　　孔望東國羨洪氤
頡頏往事淸遊裏　　昔日鳳凰來舞陳

三又堂 張善淑

옛 고을 의성에 층각이 보배로운데
문소의 간판 이름이 칠호와 친해지누나
시원한 마루 시축에 시원한 바람이 지나가고
긴 난간 율 읊는 소리에 매미의 노래가 어울리네
순임금은 중원에 들어가서 큰 법을 행했는데
공자는 우리를 바라보고 큰 기운을 부러워했네
오르락 내리락 지나간 일을 맑게 떠올리는 속에
옛날의 봉황이 날아와서 춤을 추누나

문소루(聞韶樓)

때 : 4337(2004)년 7월 10일 토요일

곳 : 경남 의성군 의성읍 구봉산

태풍 민들레의 여파에다 장마중이라 매일 비를 뿌리는데 오늘은 그래도 비가 오지 않아 한시름 놓인다. 8시가 넘어 사당역에서 출발을 했다. 차는 경부고속도로를 질주하는데 산과 들은 온통 시퍼렇다. 20여 일만에 다시 보는 논에 모는 성큼 자라 보기에 시원하다.

드문드문 피어있는 부용과 원추리꽃이 보기에 아주 좋았다. 부지런히 달렸건만 12시가 훌쩍 넘었고 아직 도착전이라 우리는 여느 때와 달리 의성 청호가든에서 메기찜으로 점심을 했다. 식당 앞뜰의 자두가 탐스러워 신기해하자 서원께서 한 웅큼 따와 싱싱한 새코로운 맛에 온 얼굴을 찡그려가며 웃으며 먹으니 마음씨 좋은 주인 아주머니 후식으로 한 쟁반 갖다주신다. 우리는 서둘러 문소루로 향했다. 조금 가니 대로에서 조금 위에 나는 듯한 처마가 보였다. 우뚝한 문소루 주위엔 저나무 즉 개가죽나무의 아주 짙은 노랑꽃이 흐드러지게 피어있다. 문소루에 오르니 사방이 탁트여 시원한 바람, 아! 정말 상쾌하다. 속이 다 후련해진다. 그 옛날 묵객들의 멋스러움을 알 것 같다. 소소구성봉황래의(簫韶九成鳳凰來儀)란 글씨가 눈에 들어온다. 선생님께서 이 글은 서경에 있는 말로 순임금 때 음악을 맡은 기가 순임금에게 올린 말로 정치를 잘하면 사람은 물론 봉황새까지 즐겨 춤을 춘다는 뜻이란 설명을 해주신다. 문소는 옛날 의성의 고호가 소문이었으나 경덕왕 때 문소로 바꾸고 문소현을 상징하는 다락을 지었다고 한다. 영남 젖줄인 낙동강변의 의성, 태백산맥 지맥인 보현산맥의 마지막 봉우리에 터잡은 문소루는 측면 세 칸 정면 세 칸 정방형에 가깝다. 진주 촉석루, 밀양 영남루, 안동의 영호루와 더불어 영남 4대루의 하나며 고려 중엽 창건했으나 임진난때, 소실되어 1983년 현 위치에 복원하여 지금은 산림욕장으로 개장, 의성 군민의 안식처가 되고 있다. 김자수의 글과 포은의 글이 걸려 있으며 문소루를 오르지 않고는 정자를 올랐다 말 못할 것같다. 설전이 시축에 난초를 그리니 선생님께서 지란지곡(芝蘭之曲), 봉조래의(鳳鳥來儀)라 써주시니 우리들은 한 수씩 지어 멋들어지게 차례차례 의성의 푸른 하늘을 울려 퍼지는 시창을 한 후 서둘러 내려왔다. 불과 한 시간 달렸을까 안동도 미처 못 왔는데 차가 섰다. 오늘은 우리집에서 제사를 모시는 날이라 서둘러 가자는 말씀에 한회장이 속력을 낸 탓인가보다. 시간은 흘러가고 차는 엔진을 식혀가며 조금씩 달려 치악휴게소까지 왔으나 기아에는 사람이 있으나 옆의 현대서비스엔 직원이 없다. 또 다시 원주에 와서 정비공장에 놓고 근처 식당으로 가서 육개장으로 저녁을 먹고 8시가 넘어 죄송스럽지만 고속버스로 먼저 가겠다 하니 혼자 보내기가 안쓰러운지 모두 고속버스를 타고 가자고 하신다. 그것이 오히려 한회장 마음도 편할 것이라 하신다.

우리는 한회장을 뒤로 하고 9시 출발하는 버스를 탔다. 걱정스러운 남편의 전화 상황설명도 제대로 못하고 뒤이은 동서의 전화에서 일이 거의 끝나가니 내일 아침에 오란다. 하긴 지금이 열시다. 도착이 10시40분, 나 며느리 맞아? 가는 날이 장날이라더니 염치도 없고 고맙기도 하고 미안하기도 하고, 각 방향으로 헤어지고, 예주 삼우당과 나는 택시를 타고 가는데 흰 두루마기 선생님을 모셔다 드리지 못하고, 이 늦은 시간 선생님 죄송합니다. 아! 정말 긴긴 하루였다.

안일당 이원희 씀

望京樓

망경루

12 文韻

酷暑名樓探訪欣　　一車諸客濕衣裙
花溪松畔禊亭特　　大浦竹林書院懃
山上臺巖亡國恨　　田中鋤草除蕪勤
當時農隱在何處　　今日京汚焉不耘

西原 金容大

더운 여름 이름 있는 다락을 찾아간 기쁨이여
한 수레 모든 나그네 옷이 흠뻑 젖었구나
화계마을 소나무 언덕 계 모은 정자 우뚝하고
대포마을 대나무 숲에 서원이 은근하구나
산 위의 대바위에선 나라 망한 것을 한탄했고
밭 가운데 호미로 풀 부지런히 제거했다
당시의 농은은 지금 어느 곳에 있는고
오늘의 썩은 무리를 어찌 김매지 아니하오

豚月山淸濃翠氳　　花溪洞壑一樓賁
大毫楣板千年節　　長檻祈杯萬里韞
麗末亂麻投紱隱　　鮮初不起歸鄕耘
登臨遠客懷吟裏　　中伏炎天蟬響慇

瀛州 金榮基

유월달 산청마을은 짙은 푸르른 기운인데
화계동 골짜기에는 한 다락 크구나
큰 붓으로 쓴 현판은 천년의 절개요
긴 난간 기도하는 술잔은 만리의 향기로다
고려말 혼란기에 벼슬던지고 숨었고
조선초에 나가지 않고 고향에 돌아와 김맸네
다락에 오른 먼 손이 옛날을 회상하며 읊는 속에
중복 염천에선 매미소리 은근하구나

九折十回村道炘　　王山西麓綠陰芬
溪邊高閣望京號　　樓上主人農隱云
大節杜門園野入　　深林開墾石田耘
檻頭遠客追懷裡　　一縷淸風白髮猢

雪荃 任準臣

아홉 번 꺾고 열 번 돌아 시골길이 더운데
왕산서쪽 기슭에 녹음이 향기롭구나
개울가 높은 집은 망경의 이름이요
다락의 주인은 농은이라 한다네
큰 절개로 문 잠그고 동산으로 들어갔고
깊은 숲 개간하여 돌밭을 갈았도다
난간머리의 먼 손님이 옛일을 돌아보는 속에
한 줄기 맑은 바람에 흰머리가 날리는구나

六月山川草木藍　　七豪走馬華溪垠
先人往日隱居處　　後裔至今崇祖廛
每朔望京承淚拜　　日常治畝盡農勳
登臨過客追吟裏　　蟬響綠林和韻懃

又仁 慶佑秀

6월 산천은 초목이 무성한데
칠호 말을 달려 화계 언덕에 이르렀도다
옛날엔 옛 사람이 은거하던 곳이요
지금은 후예들이 조상을 높이는 집이로다
매 초하루 송경을 바라보고 눈물로 절을 했고
날마다 밭이랑을 다스려 농사를 다한 공이로다
지나는 나그네 다락에 올라 율을 읊는 가운데
녹음 속 매미들의 화답소리 은근 하구나

孤節杜門農隱云　　花溪深谷開田耘
松京向拜麗王戀　　大浦竹林眞志紋
長檻登臨詩軸樂　　高枝蟬唱淸風君
夕陽遠客忘歸路　　往事千年甘苦醺

安一堂 李元熙

외로운 절개 문을 잠그고 농은이라 이름하며
화계 깊은 골에서 밭 갈아 김매더라
송경 향해 절함은 고려왕을 그리워함이요
대포리 대 숲은 참 뜻을 나타냄이로다
긴 난간 올라오니 시축이 즐겁고
높은 가지 매미소리는 맑은 바람 향기롭다
석양에 먼 나그네 돌아갈 길을 잊고
지나간 천년의 달고 쓴 것에 취했도다

中伏暴炎蒸煮垠　　一樓重厚丹青紋

噲正爽快淸風好　　詩軸墨光蘭畫芬

昔日節臣深遯處　　今時高士訴鳴鼖

漢陽喧噪如麗末　　朔望登臺祈止狺

三叉堂 張善淑

중복의 매서운 더위가 찌는 듯한 언덕인데

한 다락 묵직한데 단청이 무늬했네

시원한 마루 상쾌하게 맑은 바람이 좋고

시축의 먹빛은 난초를 그려 향기롭네

옛날엔 절개 있는 신하 깊이 숨은 곳이요

지금은 높은 선비들 호소해 울리는 북이로다

한양의 시끄러운 소리 고려말 같은데

삭망에 대에 올라 개짓는 소리 그치길 빌꺼나

망경루(望京樓)

때 : 4337(2004)년 7월 31일 토요일

곳 : 경상남도 산청군 금서면 화계리

아침부터 찜통이다. 아직도 이 나이에 소풍 같은 즐거움으로 설레임은 나만의 일일까?

부지런히 서둘러 사당동으로 나갔다.

오늘의 행선지는 경남 산청으로 역시 먼 곳이다. 입장 쉼터에서 옥수수가 탐스러워 한 자루씩 먹고는, 대전을 지나 대진 고속도로를 따라 금서 우체국 앞에서 오늘 우리를 위해 안내해주실 어르신을 만나 망경루로 향했다. 화계 깊은 골짜기 대숲이 울창한 곳에 자리한 망경루는 전면 3칸, 측면 2칸, 전면기둥이 4개, 총 10개의 기둥이 든든하게 누각을 받쳐주고 있었다.이내 선생님께서 정자의 주인 농은(農隱) 민안부(閔安富)공의 말씀을 해주신다.

공은 공민왕 때 장원급제하여 봉익대부 예조판서를 지내신 공의 관향은 여흥이며 이태조가 고려를 멸하고 조선을 세우자 만수산으로 들어가 두문하고 세상과 단절했다. 새 조정에서 누차 불렀으나 불응하고 이곳으로 내려와 농사를 지으면서 충절을 지킨 깨끗한 삶을 사셨다한다. 공은 매달 초하루 보름마다 금서면 왕산 중턱에 올라 송경을 바라보면서 눈물을 흘리며 옛 님을 그리워하였음으로 그 산을 뒤에 후손들이 비석을 세워 망경대라 했고 그 뒤 선생의 충절을 기리기 위해 4월 8일을 정일(丁日)로 한계회를 조직하고 정기적으로 모임을 위해 산 아래 화계동에 누각을 지어 망경루라 했다고 하며 오늘에까지 이르고 있다하니 이 또한 대단한 일 아닌가? 훌륭한 조상에 그 후손 역시 더없이 존경스럽다.

나는 붓을 들어 정성을 들여 난을 치고 선생님께서 내려주신 농은심중란(農隱心中蘭) 망경루상향(望京樓上香)의 화제를 썼다. 이어 둘러앉아 시를 지어 시창을 하니 시원한 바람 불어 일어서기가 아까웁다. 그런데 시간은 4시니 어쩌랴 아쉬움을 뒤로 하고 귀경길에 올랐다.

설전 임준신 씀

설전 임준신 집필

鳳棲樓

봉서루

13 元 韻

凉夏淸風東出奔　　興州吉邑儒鄕言
廳中高閣鳳樓號　　牆外深池蓮葉敦
麗末文人歌別曲　　鮮初郡守開書村
梧桐枝上來凰鳥　　今日七豪韶舞媛

佳山 任奉爊

한 여름 맑은 바람에 동으로 나와 달리니
흥주 옛 고을은 선비고을이라 말하네
관청집 가운데 높은 집 봉서루라 이름하고
담장 밖 깊은 연못엔 연꽃 잎이 크도다
고려말 문인이 별곡을 노래했고
조선 초기 군수가 서원마을을 열었도다
오동나무 가지위에 봉황이 날아오니
오늘의 칠호들의 소무가 아름답구나

南走林鍾榮邑原　　高樓老樹濃靑園

順興池上蓮花發　　竹嶺山中雲霧騫

昔日大儒多出地　　今時名物豊産村

鳶飛魚躍來何世　　合掌祈求無舊怨

西原 金容大

유월에 남쪽으로 영주 언덕을 달려가니
높은 다락 고목나무 짙게 푸른 동산이라
순흥 못 위에는 연꽃이 곱게 피었고
죽령산 가운데에는 구름안개가 날더라
옛날 큰선비 많이 배출한 땅이요
지금은 이름 있는 물품 많이 나는 마을이로다
솔개는 날고 고기는 뛰는 세상 언제 올고
합장하여 빌고 원한이 없기를 구한다

季夏一車南向奔　　順興官內老槐園
庭中樓閣鳳棲號　　檻外池塘蓮汚言
麗主揮毫楣采赫　　謹齋別曲記文媛
山名飛字何其惡　　牆滿梧桐挽住飜

瀛州 金榮基

늦여름 자동차로 남쪽을 달리니
순흥관내는 늙은느티나무 동산이구나
뜰 가운데 누각은 봉서라 이름하고
난간 밖 연못은 연꽃 웅덩이라 말하네
고려임금 휘호는 중방빛을 빛내고
근재의 별곡은 기문이 아름답구나
비봉산 비자는 그어찌 미워하는고
담장의 오동은 나는봉황을 멈추게하는구나

徐退伏炎天水恩　　七豪尋處古樓存
昔時艶色去何所　　今日老顔留瘠鵷
庭圃鳳棲梧樹杲　　牆籬迎鳥竹林蕃
登臨覓句苦流汗　　輒得律聲身若飜

雪荃 任準臣

폭염이 천천히 물러감은 천수의 은혜데
칠호가 찾아든 곳에 옛다락 있더라
옛날의 고운 색은 어느 곳으로 가고
오늘의 늙은 얼굴은 여윈 봉황으로 남았구나
뜰에는 봉황이 깃들라고 오동나무 우뚝하고
울타리엔 봉황새를 맞이함에 죽림이 무성하도다
다락에 올라 글을 지으니 땀이 흐르고
문득 율성을 얻으니 몸은 날 것 같구나

雨歇路邊草色蕃　　南都榮邑儒鄉媛

鳳山城下古樓特　　溪水野中靑沓敦

楣上揮毫麗主跡　　梁間書板太平言

周圍蟬哭琤琤裏　　一縷淸風滌暑源

又仁 慶佑秀

비개인 길가 풀색이 무성한데
남도 영읍은 유향으로 아름답고나
비봉산 아래는 옛다락 우뚝하고
벽계수 들은 푸른논이 두텁구나
처마밑 휘호는 여왕의 자취요
들보 가운데 글씨는 태평을 말했구나
주변 매미 소리 요란한데
한줄기 맑은 바람은 더위 씻는 샘물이구나

晩夏順興槐木馨　　綠陰爽快俗心諼

竹溪碧水名人曲　　飛鳳古城安住村

昔日麗王楣板特　　今時京客賡吟敦

梧桐枝大凰何在　　合掌催來棲閣溫

安一堂 李元熙

늦여름 순흥의 괴목이 향기로운데
녹음이 상쾌하니 세속 마음을 잊는구나
죽계 푸른 물은 명인의 노래요
비봉 옛 성은 편안이 사는 마을이로다
옛날 여왕의 현판 글씨 뛰어나고
지금 서울나그네 노래 소리 두텁구나
오동나무 가지 큰 데 봉황은 어디 있는고
합장하며 오기를 재촉하니 다락은 따뜻하구나

自古名人居處村　　七豪當到一樓尊

前場梧木鳳凰息　　後苑池塘蓮葉媛

層閣重修才筆錄　　竹溪別曲文章馨

徐來松籟檻頭爽　　昔日風流今再焞

三又堂 張善淑

예부터 명인들이 살던 마을인데
칠호가 당도하니 한 다락이 높구나
앞마당 오동나무 봉황새 쉬고
뒷동산 연못에는 연잎이 어여쁘다
층각을 중수하고는 재주꾼이 기록하고
죽계별곡은 문장이 향기롭다
서서히 불어오는 솔바람은 난간머리 시원한데
지난날 풍류를 이제 다시 밝히는구나

봉서루(鳳棲樓)

때 : 4337(2004)년 8월 14일 토요일

곳 : 경상북도 영주시 순흥면 읍내리

오늘은 갑신년 8월 7일 동천칠호가 결성되고, 한시(漢詩)공부를 시작한지 여섯 달째, 열세 번째 한시(漢詩) 운(韻) 원(元)자를 가지고, 경상북도 영주에 있는 봉서루를 찾아가는 날이다. 시간에 맞춰 사당에 이르니, 우리가 타고 갈 승합차는 이미 대기하고 있고, 모두들 차에 타고 있다. 내가 탑승하자 차는 바로 안양을 향해 출발했다.

과천을 지나며 삼우당이 선생님께 연락을 드리고, 차가 안양 샘마을에 이르자, 잠시 후 하얀 두루마기를 곱게 차려 입으신 선생님이 우산을 받쳐 들고 나오셨다. 우리는 선생님을 모시고 오늘의 목적지 영주 봉서루를 향해 출발했다. 8시 40분, 가는 비가 촉촉히 내리는 고속도로, 차안은 그간의 무더위가 비에 씻겨 한결 시원하다. 도로에는 막바지 여름여행을 떠나는 차들로 꽉 차있고, 옆자리 예주는 대학을 읽고 있는데, 삼우당이 무료한지 지난번 들었던 교단에서 물러난 노교수의 목요강좌 테이프를 다시 듣고자 했다. 노교수는 작금의 우리 국내 사정을 매우 근심스러운 눈으로 바라보고 있다. 정말이지 지금 우리는 잘하고 있는지 궁금하다.

차는 경부고속도로에서 빠져나와 영동고속도로로 접어들어 여주 들판 한 가운데를 달린다. 들에는 벌써 일찍 심은 벼가 노릿하게 익어 추석을 기다리고 있다. 잠시 눈을 감았다 떠보니 차는 어느새 영동 고속도로를 벗어나 중앙고속도로 위를 달리고 있다. 하늘에는 구름이 해를 가려 더위가 한결 덜하다. 11:00 치악 휴게소를 들려 잠시 쉬었다가, 다시 출발했다. 중앙 고속도로는 군데군데 산을 뚫고 계곡과 계곡을 발을 세워 건설한 고속도로로 기능성도 기능성이지만 보기에도 꽤 멋이 있다. 현곡터널을 지나고 국내 최장이라는 죽령터널을 지나 11:40 풍기 나들목을 나와 오른쪽으로 조금 들어가니 선비의 고장 영주라는 현수막이 바람에 나부낀다.

영주에는 부석사가 있고, 우리나라 최초의 소수서원이 있다. 요즈음 농촌에는 통행인이 별로 없어 길 묻기조차 어려운데, 겨우 한 사람이 보여 다가가 물어보니 오른쪽으로 조금가다 왼쪽으로 돌아가라고 일러준다. 말대로 따라가니 얼마가지 않아 읍사무소가 있는데, 우리가 찾는 다락은 읍청사 오른쪽에 있다.

고려시대 건립된 이 다락은 영남에서 가장 유서깊은 다락 중에 하나로 본래 고을 남쪽 3리 지점에 있어, 고을의 손님을 맞이하고 보내는 곳이어서 늘 붐비었다고 한다. 이 고장 순흥이 낳은 고려말기의 명현 안축 선생의 봉서루 중수기에는 채상(蔡祥)이라는 사람이 고을지사로 부임하여 낡은 누각을 중수하니, 아름다움과 웅장함이 영남에서 으뜸이었다고 기록하고 있는데, 전설에 의하면 비봉산 봉황이 날아가면, 고을이 쇠퇴해진다 하여 고을 남쪽에 누각을 지어, 전면에는 봉서루, 후면에는 영서루라는 현판을 걸고 봉황을 맞이하여 깃들게 하였다고 한다. 그래서인지 봉서루 주변에는 봉황의 알로 여겨지는 흙봉우리가 군데군데 흩어져 있다. 현재 이 누각에는 고려왕의 친필로 알려진 흥주도호부아문(興州都護府衙門)이라는 현판도 걸려 있다. 다락 앞과 뒤에는 큰 느티나무가 서있고, 오른쪽에는 석비와 불상 등이 시립하듯 서있으며, 전면 사칸 측면 삼칸의 이층으로 된 겹처마 팔작지붕에 단청은 되어있지 않았으나 은은한 멋이 풍기는 품위 있는 모습이다.

우리는 다락에 올라 주변을 둘러보았다. 선생님께서는 설전의 난초그림에 시축에 쓸 화제(畵題)로 고절은향 원객봉취(高節慇香 遠客鳳醉)라 쓰셨다. 그간에 추적거리던 비는 산뜻이 개었다. 선생님께서는 우리 동천칠호가 봉서루에 오니 하늘의 보살핌이 아니겠느냐고 하신다. 다락 공부를 마치고, 읍내 소문난 식당으로 옮겨 고기를 조금 굽고 된장찌개를 곁들여서 맛있는 점심을 먹고 귀경길에 올랐다. 오는 길에 삼우당이 보은에 볼일이 있다하여 영주터미널에서 내리고 우리는 다시 서울로 향했다. 식당을 나올 때 내리던 비는 잠잠해졌으나, 도로에는 휴가를 마치고 귀경하는 차들로 가득하다. 조용히 눈을 감고 오늘 봉서루의 시상을 다시 한번 떠올렸다. 차가 여주를 지나고 호법쪽으로 가까워지자 교통흐름이 원활하다. 우리는 중부 고속도로를 이용하여 상경하여, 안일당 부군이 입원해 있는 아산병원에 들려 위문하고, 병원을 나와 방이동 식당가로 옮겨 저녁식사를 마치고 오늘행사를 마쳤다. 우리와 함께 했던 조현서(趙顯瑞)씨와 민영순(閔永順)씨의 시를 덧붙인다.

朝發漢陽南走驏　加鞭當到興州門
城中洋屋淨淸列　庭內瓦樓滄色蹲
昔日先人奸計動　今時後裔賢才惛
幾回外壓五千載　魚躍鳶飛何世掀

飛鳳山精天上飜　順興人傑正多繁
羅時梵語名人衆　麗末安門儒子尊
梧葉淸風和樂里　凰暇竹實豊成村
千年古苑高樓美　佳景江河萬代根

우인 경우수 씀

燕子樓

연자루

14 寒 韻

處暑昇平山野爛　　深林竹島公園攤
瓦樓高柱丹青美　　丁字模形南北單
府使風流遺戀慕　　德翁善事起崇胖
噲正圓座淸歌裏　　燕子一雙飛去歎

西原 金容大

처서에 승평 산야가 빛나는데
깊은 숲 죽도의 공원이 열려 있더라
기와 다락의 기둥은 높고 단청은 고운데
정자(丁字) 모형은 남북에 하나이구나
부사의 풍류는 연모하는 마음만 남았고
덕옹의 좋은 일은 높고 큰 것을 일으켰도다
시원한 마루 둘러 앉아 맑은 노래하는 속에
제비 한 쌍 날아가며 감탄을 하는구나

南道順天千里曼　　公園松塢一樓屼
丁形構則亭群異　　玄鳥楣名州號攤
往日孫郎逑好好　　近來金士歸單單
三人故事追懷裏　　遊子老身新血蜿

瀛州 金榮基

남도 순천 천리 먼 길인데
공원 소나무 언덕에 한 다락 높구나
정자모양 구조는 다른 정자와 다르고
제비이름 현판은 고을이름 열었구나
지난날 손억은 호호와 짝했고
근래 김계선은 왜에서 돌아왔구나
세 사람 옛 일을 추회하는 속에
유자의 늙은 몸에는 새 피가 움직이는구나

竹島峯顚松柏攢　　深林陰影一樓玕
楣名燕子和州號　　丁字閣形特此番
孫使昔時風色樂　　金翁近日復功巑
古來歌客在何處　　檻上七豪淸曲爛

雪荃 任準臣

죽도봉 꼭대기에는 송백이 우거졌는데
깊은 숲 그늘에는 한 다락이 아름답구나
현판 이름 연자는 고을이름과 어울리고
정자 집 모양이 이 땅에 우뚝하구나
손억 부사는 옛날에 풍류를 즐겼고
김옹은 근일에 공을 높이 회복했도다
옛날부터 지금까지 시객들은 어디에 있는고
난간 위 칠호들의 맑은 곡조가 빛나는구나

夷則竹峰靑藪欑　　斜途山頂高臺爛
左場碑石言淸白　　右側瓦樓歌碧丹
樑上名儒書板漾　　庭中稚子遊戲歡
七豪定座律聲大　　一縷凉風除世忼

又仁 慶佑秀

칠월 죽봉은 푸른 수풀이 무성한데
비탈길 산위 높은 다락 빛나는구나
왼쪽 마당 팔마비는 청백을 말하고
오른쪽 다락은 벽단을 노래하는구나
들보 위에는 명유들의 서판이 출렁이고
뜰 가운데는 아이들의 유희가 즐겁구나
칠호들이 다락에 앉아 부르는 노래소리 큰데
한 줄기 시원한 바람 세상 탐함을 씻는구나

猿月順天山野爛　　公園燕子樓臺玕
曲樑長脊千年久　　丁字高亭一國單
昔日孫翁情話特　　近來金士功勞屼
淸風一縷詩心動　　調唫律聲霞彩丹

安一堂 李元熙

칠월달 순천 산야가 빛나는데
공원에 연자루 아름답기도 하다
굽은 대들보 긴 등어리 천년의 오램이요
정자형 높은 정자 한 나라에 하나로다
옛날 손옹의 사랑이야기 특별하고
근래 김선비의 공로가 높도다
맑은 바람 한 줄기에 시심이 움직이니
목청을 가다듬은 율성에 노을빛이 붉구나

登竹島峰一榭胖　　四方松栢束成鞶

檐頭飛燕縱橫舞　　檻下閑人來往歡

孫老戀情傳說賸　　金翁鄕思公園蟠

江南舊號風流邑　　丁字高臺唯獨單

三又堂 張善淑

죽도봉에 오르니 한 다락이 큰데
사방에 송백이 띠로 묶어져 있구나
처마머리에 나는 제비 종횡으로 춤을 추고
난간아래 한가한 사람들 오고가며 흐뭇하네
손씨의 그리운 정은 전설로 남아있고
김옹의 고향생각은 공원에 서려있구나
강남의 옛 이름은 풍류의 고을인데
정자(丁字)형 높은 대는 오직 이 하나더라

연자루(燕子樓)

때 : 4337(2004)년 8월 28일 토요일

곳 : 전라남도 순천시 조곡동

오늘은 열네 번째 다락을 탐방하는 날로 전라남도 순천시 죽도봉 공원 연자루를 찾아가는 날이다. 마포주유소에서 승합차에 기름을 넣고 삼우당과 사당역에 가니 설전이 나와 있었다. 우리 일행은 안양으로 선생님을 모시러 출발했다. 8시30분에 선생님을 모시고 남으로 달렸다. 날씨는 맑고 화창한데 잔서가 아직 뜨겁다. 들판의 벼는 패어 잘 영글게하는 날씨로 금년에도 벼농사가 풍년인 듯 들판은 아름다운 풍경이다. 논산을 지나 얼마가다 고속도로에서 펑크가 났다. 20분만에 바퀴를 교환하고 정읍 휴게소에서 안흥빵을 맛보고 광주를 지나 서순천에 도착, 식당을 찾아 서울부페집에서 점심을 먹고 죽도공원에 들어서려니 입구부터 도로에 산죽이 울타리처럼 양편에 잡목과 함께 울창했다. 연자루에 도착하니 2시가 되었다. 다락의 연혁은 뚜렷하지 않고 복원기록의 송덕비만 있었다. 다락에 오르니 다락은 丁자형으로 기둥이 18, 전면 6칸 측면2칸, 들보가 6이나 되는 큰 규모의 다락이며 천정의 단청은 아름다웠고 철사그물을 쳐서 보호를 잘했다. 밖에는 측백나무와 소나무가 울창하여 들판을 가리우고 있다. 전면 팔마탑 옆에는 비둘기 집을 지어 다락을 보호하려는 배려를 느꼈다. 다락안에 각판엔 복원기록이 있었다. 선생님께서 우리에게 설명하여 주셨다. 제비는 강남에서 날아오니 순천은 옛고을 이름이 강남이라 연자루를 짓게된 동기라 한다. 연대는 자세하지 않으나 고려 손억이란 선비가 아름다운 호호라는 기녀와 청풍명월 자연의 아름다움과 시를 읊기 위해 지었다 하셨다. 또한 중국 양자강 남쪽 서주에 연자루란 정자가 있다고 하나 우리 정자가 더 아름답다고 하셨다. 앞에는 여수반도가 바다로 뻗어 나갔으니 비교할만하다. 비문에 의하면 본다락은 본래 순천 남문에 있었는데 일제가 헐어버린 것을 애석히여겨 김계선이란 분이 이 고장 출신으로 일제하에 혈혈단신으로 일본으로 건너가 자수성가하여 돌아와 복원했다 하니 자신만을 위해 살아가려는 세상 흐름 속에 남을 위해 살아가려는 갸륵한 마음으로 남의 귀감이 아니랴. 팔마탑은 청백리의 표정이요 연자루는 이 고장의 문화사적이 되니 일제가 헐어버린 것을 죽도봉공원에 다시 복원하게 되었다. 자신의 가산을 아끼지 않고 나를 낳아준 고장을 위해 바치려는 정성이 갸륵하여 여기 시민의 뜻을 모아 그 덕을 기리어 비를 세웠다.

설전이 시축을 쓰고 선생님께서 유향연자루(幽香燕子樓), 황국미풍래(黃菊微風來)라 화제를 내려주시고서 각자 지은 시를 선생님이 일일이 수정하여 주시며 시창도 가르쳐 주시고 모두 합창한 후 흡족한 마음으로 다락을 내려왔다. 서울에 오니 9시가 다되었다. 먼길을 빨리온 편이다. 의왕시 오전동 모락정에서 식사를 하고 헤어졌다. 조현서(趙顯瑞)씨의 시를 덧붙인다.

千里順天佳景番　　一樓丁閣蒼然蟠
檻中好好風流漬　　檐外年年燕子翰
府使再臨無戀女　　大人今日復長欄
噲正默想先儒憶　　走馬加鞭自力殫

예주 김영기 씀

鎭西樓

진서루

15 刪 韻

桐月保寧馳到覵　　海瀕藍浦一樓媥
邑城繞帶衙門用　　將帥指揮倭寇閑
昔日名家來訪聞　　今時志士探登闕
桓檀古土圖回復　　敎集群雄此處嫺

佳山 任奉熏

칠월달에 보령땅을 달려가 이르러보니
바닷가 남포 고을엔 한 다락이 아름답구나
읍성을 빙둘러 띠를한 관칭문으로 활용했고
장수들이 지휘하여 왜구들을 막았도다
지난날엔 이름난 사람들이 찾았다는 소문이고
오늘엔 지사들이 찾아오르는 문이로다
한단의 옛땅을 도모하여 회복하려면
군웅들을 모아서 이곳에서 익히도록 해야겠네

藍浦秋霖探訪覵　　東軒老杏濃靑緆

檻頭詩軸風飛亂　　洞口霧雲來往艱

昔日先公淸政處　　今時後裔整衿憪

羅麗自古鎭西海　　退色丹楹客子瘝

西原 金容大

가을 장마에 남포를 탐방해 보니
동헌의 늙은 은행나무는 짙게 푸르러 빛나더라
난간머리의 시축은 바람에 날려 어지럽고
동구에는 무운으로 오가기 어렵구나
옛날 선공이 깨끗한 정치하던 곳이요
지금 후예는 옷깃을 여미고서 흐뭇해 하는구나
신라 고려 예부터 서해바다를 진압했는데
퇴색한 붉은 기둥에 나그네 가슴 아프구나

藍浦雨中探走馯　　停鞭城側一樓跧
楣名龍筆鎭西號　　檐末虎蹲玉馬山
麗代帥臣倭寇禦　　羅時文士風流爛
檻頭淅淅飛詩軸　　若此紛紛懷舊顔

瀛州 金榮基

남포를 우중에 달려 탐방하는데
채찍을 멈추니 성 옆에 한 다락 있구나
현판 이름은 용의 운필로 진서루라 했고
처마끝은 호랑이가 엎드린 옥마산이로구나
고려때 병사와 수사는 왜구를 막았고
신라때 문사는 풍류를 빛냈구나
난간머리 빗소리에 시축이 날리는데
이와같이 분분하니 옛 얼굴이 회상되는구나

猿月雨中車路艱　　尋探藍浦欣欣顔
石城西角孤樓寂　　松籟東頭古屋爛
海賊侵攻治智德　　賢良守邑臨淸閒
昔時來客幾何有　　檐下四隅無語濟

雪荃 任準臣

칠월달 비가오니 수렛길이 어려운데
더듬어 찾은 남포는 기뻐하는 얼굴이구나
돌성 서쪽 모퉁이에는 외로운 다락이 고요하고
소나무 바람 부는 동쪽 머리에는 옛집이 빛나네
해적들이 침공하면 지혜와 덕으로 다스렸고
현량들이 고을 지킴에는 맑고 한가함으로 임했도다
옛날에 온 손님 얼마나 있었는가
처마 밑 네 귀퉁이는 말없이 눈물만 흘리네

南路保寧風勢艱　　一車當到大川關
海濱東岸馬峰聳　　邑內中央城址嫺
昔日防邊要衝地　　今時守縣樓臺闤
登臨七客賡吟裏　　秋雨無聲田野潸

又仁 慶佑秀

남쪽 길 보령 풍세가 사나운데
한 수레 대천의 관문에 이르렀다
바닷가 동쪽엔 옥마봉이 솟아있고
읍안 가운데에는 성터가 아름답구나
전에는 변방을 지키던 요충지였고
지금은 고을을 지키는 누대의 담장이로다
칠객 다락에 올라 시를 이어 부르는데
가을비는 소리없이 전야를 적시는구나

藍浦鎭安玉馬山　　層樓高閣雨中跧
檻頭風勢言今亂　　檐下水聲歌古艱
羅代名人遊覽處　　麗時勇將守邊關
喜悲傳說千年積　　天日慚慚倘避顔

安一堂 李元熙

남포를 편안히 지키는 옥마산이요
층루 높은 집이 우중에 엎드려 있구나
난간머리 바람모습 오늘의 어지러움을 말하고
처마 밑 물소리는 옛날의 어려움을 노래하도다
신라 때 이름난 사람이 유람하던 곳이요
고려시대 용장이 변두리를 지키던 문이로다
기쁘고 슬픈 전설이 천년에 쌓였으니
하늘의 해도 부끄러워 얼굴을 피하는가보다

秋榭雨風赤檻斕　　登臨遠客未平顔
鎭西樓迎七豪喜　　玉馬峯開千祀慳
昔日多言名士跡　　今時稀壁律聲憪
四隅檐涙調長短　　老杏庭中葉葉潸

三叉堂 張善淑

가을정자 붉은 난간이 비바람에 얼룩지는데
등임한 원객은 평안치 못한 얼굴이구나
진서루는 칠호를 기쁘게 맞이하고
옥마봉은 천년의 인색함을 열어주네
옛날에는 명사의 자취에 대해 말이 많았는데
지금 벽에는 율성의 흐뭇함이 드물구나
네 모퉁이 처마에는 눈물의 장단이 고르고
늙은 은행나무는 뜰에서 잎마다 눈물을 흘리네

진서루(鎭西樓)

때 : 4337(2004)년 9월 11일 토요일

곳 : 충청남도 보령시 남포면 읍내리

오늘은 15번째 다락을 탐방하는 날이다. 충남 보령시 남포면에 있는 다락이다. 일기예보에서 호우주의보 방송을 들으니 조금 염려가 된다. 마포주유소에 나가니 승합차가 와서 기름을 넣고 있었다. 삼우당과 같이 사당동으로 갔다. 서원, 설전, 우인 등 우리 일행은 안양으로 가서 선생님을 모시고 출발하니 8시반이었다. 화성 휴게소에서 잠시 휴식하고 출발하는데 내리는 비가 점점 심해져서 앞유리를 계속 씻어가며 고속도로를 달려 진서루에 도착하니 11시반이었다. 다락치고는 조금 작은 편이었다. 전면 3칸 측면 2칸 팔작지붕이다. 현판에 진서루만 걸려있고 다락안에는 시판 하나 걸려있지않다. 복원한 시기도 불분명하다. 안내판을 보면 진서루는 남포관아문으로 유형문화재 65호로 조선시대 남포현의 관아인 건물이다. 1.동헌 2.옥산아문 3.진서루 3동이 있으며 동헌은 정면 7칸 측면 3칸 원주기둥에 팔작지붕의 전통 한식건물이며, 옥산아문은 옥마산의 이름을 따서 만들었으며 동헌 안의 삼문으로 정면 7칸 측면 1칸 솟을문형식을 갖추고 있다. 또한 좌우측에 홍살과 익실을 두어 출입자의 동향을 살피던 건물이다. 진서루는 동헌의 외 삼문이었고 중층누각 형태이며 하층에는 대문을 두었고 위층은 사방에 난간을 두어 겹처마에 팔작지붕이며 화려한 단청으로 마감하여 조선시대 관아건물의 화려함을 보여주고 있다. 선생님께서 말씀하시기를 남포와 만리포 지역은 왜구의 약탈을 막기위해 서해를 진압할 누와 석성을 쌓았고 고려 왕건도 요충지로 군사를 주둔하였으며 고려 공양왕 때 누를 세웠으며 이성계도 왜구를 정벌한 사실이 있으며 전주 오목대도 환영지요 남원 옆의 황산벌에도 이성계 변안열의 황산대첩비가 있다. 진서루와 대천·만리포·남포는 서울서 거리가 멀리 있으나 역사상 유명인이 많이 들렀다 하며 근래에는 해수욕장으로 더욱 유명하다.

신라때 최치원 선생은 이곳 등 사산비명(四山碑銘)을 쓴 것이 유명하다. 쌍계사 봉암사 성주사 숭복사 등이다

선생님께서 진서루우풍(鎭西樓雨風), 황국여고절(黃菊如孤節)이라는 화제를 내려주셨다.

비바람이 점점 더하여 시축쓰기에도 어려워 서원이 막아 앉았다가 옷이 젖었다. 그러나 서원은 옛 조상을 회상하면 감회가 깊을 것이다. 공부를 오래 못하고 식당으로 갔다. 봉덕리 초가집 식당에서 점심을 먹고 선생님께서 한시를 검토 수정하여 주셨다. 식당에서 나와 성주면 성주리에 있는 성주사지(聖住寺址)에 있는 최치원 선생이 쓴 낭혜화상 백월보광탑비는 국보 제8호로 대단히 큰 비각이 있다. 5층석탑 보물 47호 석등이 남아 있었다. 성주사는 신라말 선종사찰이며 성주산맥 중심지였다. 다 둘러보고 서울로 출발 안양 의왕 모락정에서 저녁 식사를 하고 헤어졌다.

예주 김영기 씀

제 2 부

亭 정

越松亭

월송정

16 先 韻

十里明沙平海姸　　松林鬱密高樓跧

檻頭景色仙鄕彿　　檐外波聲韶舞嫣

月夜騎牛橫笛處　　花郎修道淸遊筵

關東第一佳名在　　今日賡歌何不娟

佳山 任奉壎

십리의 밝은 모래밭 평해가 아름다운데

소나무 숲 우거진 속에 높은 다락이 엎드려 있구나

난간머리 좋은 경치 신선의 고향 같고

처마 밖 물결소리 순임금의 노래로다

달밤에 소를 타고 피리 불던 곳이요

화랑들이 도 닦으며 놀이하던 자리로다

관동의 제일이란 아름다운 이름이니

오늘의 우리의 노래 어찌 아니 좋으랴

南向蔚珍車走遄　　古亭名勝無比姸

白岩山上白雲起　　蒼海波中綠霧旋

羅代花郎修練處　　麗時節客風流緣

登臨回想詠歌裏　　十里松濤和答然

西原 金容大

남으로 울진을 향해 수레로 달려왔는데

옛 정자 좋은 경치 비길 수 없이 아름답네

백암산 위에는 흰 구름이 일어나고

푸른 바다 파도에는 푸른 안개가 도는구나

신라시대에는 화랑들이 수련하던 곳이었고

고려시대에는 절객이 풍류로 인연했도다

올라가서 회상하며 노래부르는 가운데

십리의 솔바람이 화답하는 듯하구나

匹馬馳驅東海邊　箕城當到一亭姸
四圍鬱鬱松林整　十里平平沙渚延
月下騎牛麗末士　檻頭刻影羅時仙
淸風醉景夢夢裏　羽客數人携手蹮

瀛州 金榮基

필마로 달리고 모는 동햇가인데
기성에 당도하니 한 정자 아름답구나
사방은 송림이 빽빽이 우거섰고
십리를 모래밭 평평히 연했구나
달밤에 소를 탄 고려말 선비요
난간머리 새긴 자취 신라때 신선이로다
맑은바람 경치에 취해 몽몽한 속에
신선 몇 사람이 손을 잡고 춤추는구나

佛影深溪佳景睊　　一車催促東溟天
箕城昔日生高德　　平海今時多客員
水渚松林長帶繞　　風流樓閣崇楹跧
永南安述遊何哉　　唯我七豪承四仙

雪荃 任準臣

깊은 불영계곡 아름다운 경치를 보고
한 수레 몰고 모니 동쪽바다 하늘이구나
기성이던 옛날에는 높은 덕을 가진 이가 살더니
평해라하는 지금에는 객원들이 많구나
물가에는 소나무들이 길게 띠둘러 있고
풍류 누각은 높은 기둥으로 엎드려 있도다
영・남・술・안의 사선(四仙)은 어디서 놀고 있느냐
오직 우리 칠호가 사선(四仙)을 승계하리라

踰嶺箕城匹馬延　東溟砂渚古亭娟
層樓赤柱長椽麗　松藪綠陰深影鐫
昔日四郎遊覽處　今時七傑追懷筵
無言秋雨落檐下　月笛騎牛何再宣

又仁 慶佑秀

고개 넘어 평해 필마가 다다르니
동해 바다 모랫가 옛 다락이 아름답구나
이층 다락 붉은 기둥 긴 석가래 곱고
소나무 수풀 푸른그늘 깊은 그림자 새겼네
옛날에 네 화랑이 유람하던 곳이요
오늘은 칠호가 옛날을 더듬어보는 자리로다
가을비 말없이 처마 끝에 내리는데
달밤의 기우자 피리 소리 언제 다시 들어보나

東海茫茫碧玉天　　越松亭閣無雙鮮
羅時羽客逍遙樂　　麗末老儒逃世蠲
月下騎牛橫笛細　　檻頭枕膝淸琴玄
七豪一坐賡吟景　　萬古風流靑史鐫

安一堂 李元熙

동해가 망망한데 푸른 구슬같은 하늘이요
월송정 다락은 둘도 없이 곱구나
신라 때 신선들이 소요하며 즐겼고
고려 말 늙은 선비 세상 피해 깨끗이 살았도다
달 아래 소를 타고 부는 피리 소리 은은하고
난간머리 무릎에 뉘인 거문고 소리 그윽하다
칠호 한 자리 앉아 노래하는 모습은
만고의 풍류로 청사에 기록되리라

十里松林一榭宣　　遠飛海鳥白雲連
層樓歲久美容立　　詩客日新聲色鮮
自古關東多絶景　　以來此沚擘霞煙
楣名越字當更月　　今夜夢中論四仙

三又堂 張善淑

십리 송림에는 한 정자 베풀어졌고
멀리 날아가는 갈매기는 흰 구름과 연했구나
오래된 이층다락 아름다운 모습이요
시객들 날로 새롭게 성색이 곱구나
옛부터 관동에는 절경이 많았는데
그래서 이 물가가 으뜸가는 경치로세
간판 이름 越자는 마땅히 月자로 고쳐야하니
오늘밤 꿈속에서 신선을 만나 의논하리라

월송정(越松亭)

때 : 4337(2004)년 9월 18일 토요일

곳 : 경상북도 울진군 평해읍

서울로부터 가장 멀리에 자리한 월송정을 찾았다.

관동팔경 제일루의 자존심을 보여주듯이 십리가 넘는 모래사장 위에 해송이 울창한 그 가운데 여유롭게 자리하고 있는 월송정 모습이 과연 장관이다.

월송정에 대한 설명은 이러했다.

월송정은 고려시대 이래 수많은 시인 묵객들이 즐겨 찾았던 유람지(遊覽地)로서 고려시대부터 있었던 정자이다. 중도에 퇴락(頹落)한 것을 조선조 연산군(燕山君) 때의 강원도 관찰사 박원종(朴元宗)이 중건하였고 그후 다시 황폐해져서 1933년에 이 고을사람 황만영(黃萬永)·전민 등이 중건하였다. 이곳에 주둔한 일본군에 의해 철거되어 터만 있던 것을 그후 1969년 재일교포로 구성된 금강회(金剛會)의 후원으로 2층 콘크리트 건물로 세워졌으나 본래의 모습과 달라 1980년에 현재와 같이 다시 세웠다.

이 정자는 사선(四仙)이라는 신라시대의 영랑(永郞), 술랑(述郞), 남석(南石), 안상(安詳), 이렇게 네 화랑(花郞)이 유람(遊覽)했다는 전설이 남아있는 유서 깊은 곳으로, 만 그루의 소나무가 끝간데없이 우거져 있고 이곳에서 네 화랑이 달밤에 송림에서 놀았다 해서 유래가 됐다고 한다. 솔숲을 이룬 씨앗은 월나라에서 가져다가 심었다고 하는데, 이 말은 이조때 국가관이 없고 지각없는 선비들이 무조건 중국을 섬기는 폐단에서 꾸며낸 이야기가 아닌가 싶다.

월송정 중방에는 고려말 충신 이행이 남긴 시가 걸려있었는데,

본관은 여주며 아호는 기우자 즉 '소를 타고 피리를 불며 유유자적했다' 하여 기우자라 했다. 다락은 사방이 짙푸른 솔숲인데 비가 내린 후라 바람에 흩어져 퍼지는 솔향이 그윽하다. 우리 일행은 그 향기 속에 푹 빠져 있는데, 선생님께서는 설전의 국화그림 시축에 화제로 황국유향비입루(黃菊幽香飛入樓), 송정월하기우약(松亭月下騎牛篇)을 써주시고 시를 지으라 하신다. 한 수씩 그런대로 얽어서 둘러앉아 읊었다. 그리고 다락을 다시 한번 둘러보니 이조때 金宗徐가 백암이란 분을 찬양한 글도 걸려있었다. 이 글은 절개를 굽히지 않았던 김재 백암은 고려가 망하자 식솔들을 데리고 배를 타고 바다로 나아가 돌아오지 않았고, 그의 동생 김주 농암은 이성계가 정권을 잡았다는 소식을 듣고 중국에서 압록강을 건너오다가 다시 중국으로 건너가 돌아오지 않았다고 한다.

평소에 생각하지 않고 있었던 옛 충신들을 선생님과 누정을 찾아다니면서 새롭게 공부를 할 수 있는 현실을 고맙게 생각하면서 월송정을 떠나야할 시간이 되었다.

정자의 아름다운 절경이 나그네들을 놓을 줄 모르는데 솔숲건너 푸른 파도는 어두워진다고 독촉을 한다.

어둠이 슬슬 내려와 자리를 걷고 정자를 빠져 나왔다. 같이 놀던 조현서씨의 시를 덧붙인다.

酉月雨中南走驅	回回九折山途遭
東溟忙鏡蒼波靜	平海松林高閣跧
麗末忠臣逃汚祿	韓時義士憂檀圈
至今登檻追懷裏	讚曲淸聲萬歲傳

삼우당 장선숙 씀

碧松亭

벽송정

17 蕭韻

良月高靈探訪驕　　碧松亭下釋柔韁
後山龍脈伽倻走　　前野溪流洛水漂
昔日孤雲來往樂　　近時處士東西憔
七豪一坐追懷裏　　賡唱淸聲震域搖

佳山 任奉熏

시월에 고령땅 찾아가는 말인데
벽송정 아래에서 고삐를 풀었어라
뒷산의 큰 줄기는 가야산으로 달리고
앞벌의 시냇물은 낙수로 흘러가도다
옛날엔 고운선생이 오고 가며 즐겼고
근시엔 처사들이 동서를 가지고 근심했도다
칠호들이 한자리 앉아 옛날을 생각하는 속에
이어 부르는 맑은 소리에 진역이 흔들리누나

秋月高靈黃野調　　松林古閣蒼然嬈
羅時先覺風流樂　　近代後儒禊事昭
深谷丹楓無語染　　長川綠水藏音嘹
何由稀少太平曲　　欲唱七豪今一韶

西原 金容大

가을달 고령은 누런 벌판이 고른데
송림 고각은 창연하게 아름답더라
신라때 선각자들은 풍류를 즐겼고
요사이 와서 선비들은 계사를 밝혔다
깊은 계곡 단풍은 말없이 물들고
긴 내 푸른 물은 소리 없이 우는구나
어찌하여 태평곡이 드물단 말인가
지금 칠호가 한번 순임금의 노래를 부르련다

觀月高靈探訪遙　　伽倻落脈松亭昭

蒼然柱色居諸語　　淸爽風聲羽客謠

羅代巨儒遊樂處　　近來後學傳承嬌

離京千里是非遠　　長臥吟中韋轡銷

瀛州 金榮基

팔월달 고령땅을 멀리 탐방하니
가야산 한 줄기에 벽송정이 밝구나
오래된 기둥빛은 세월을 말하고
맑고 시원한 바람소리 신선의 노래로다
신라의 큰 선비 이 정자에서 즐겨 놀았고
근래 후학들이 아름다움 전해 이었도다
서울 떠나 천리 길에 시비가 아주 멀어졌으니
한가하게 시 읊는 중에 가죽고삐가 다 녹는구나

霜葉山川秋景饒　　高靈黃野豊年謠

淸河龍沼蓮花笑　　雲嶺虎峯修竹嶚

古色松亭詩客住　　新參桑戶接賓嬈

七豪循酌醾醾酒　　醉裏賡歌大興挑

雪荃 任準臣

단풍든 산천에 가을이 넉넉하고

고령의 누런들은 풍년을 노래한다

맑은물 용소에는 연꽃이 웃고

구름낀 고개 범봉에 긴대가 높고나

고색의 소나무 정자는 시객이 머물렀고

새로 이사온 가난한집 손님접대는 아름답더라

칠호가 돌리는 동동주와 안주이니

술에 취한 속에 갱가가 큰 홍을 돋운다

千里高靈匹馬跳　　伽倻山麓古樓嶚
碧松亭後青林繞　　魯泰山前黃野饒
羅代巨儒遺筆大　　鮮時文士掛書嬌
噲正一坐淸歌裏　　楹下草蟲秋曲謠

又仁 慶佑秀

천리 고령을 필마로 달려가니
가야산 기슭에 옛 다락이 높구나
벽송정 뒤에는 푸른 숲이 에워싸고
노태산 앞은 누우런 들이 넉넉하구나
신라때 큰 선비 남긴 글이 크고
조선시대 문사의 글은 교태를 부리는구나
시원한 마루에 둘러앉아 노래하는 가운데
기둥 밑의 풀벌레는 가을을 노래하는구나

吉地靈州山野呺　　伽倻深谷丹楓妖

碧松亭號二千載　　吟律風流唯一簫

前水悠悠終到海　　後雲翡翡高比霄

七豪談笑追懷裏　　晩發秋花留馬鞗

安一堂 李元熙

길 한땅 고령 산야가 큰데

가야 깊은골이 단풍으로 아름답구나

벽송정 이름은 이천년 내려온 이름이요

시를 읊는 풍류는 오직 한 피리로다

앞의 물은 유유히 끝내 바다로 가고

뒤 구름은 푸르고 푸르러 높이가 하늘같도다

칠호들이 담소하며 옛일을 추회하는 속에

늦게 핀 가을꽃이 말고삐를 잡는구나

羅代古亭如此驍　　蒼然堂上淸風陶
高楹長桷却光老　　名德文才吟律嬌
昔日孤雲遊樂處　　今時京士賡歌妖
伽倻大刹幾何遠　　隱隱暮鍾山影昭

三又堂 張善淑

신라 때 옛 정자 이와 같이 듬직한데
옛스런 마루 위에 맑은 바람 흐뭇하다
높은 기둥 긴 석가래 나이를 먹었는데
덕있는 사람들 모여 노래 소리 아름답네
옛날에 고운이 놀며 즐기던 곳이요
오늘날 서울 선비들 노래 소리 어여쁘다
가야산에 큰 절이 얼마나 멀다더냐
은은한 저녁 종소리에 산그림자 밝구나

벽송정(碧松亭)

때 : 4337(2004)년 10월 9일 토요일

곳 : 경상북도 고령군 쌍림면 신촌리

오늘은 동천 칠호 한시반 열일곱 번째 날, 한시 평운 열일곱 번째 운(韻) "소(蕭)"자를 가지고 경북 고령군 쌍림면의 벽송정을 찾아가는 날이다. 좀처럼 물러 설 줄 모르던 더위도 세월에 꺾이고 추분이 지나고 한로가 지나니, 조석 바람이 서늘한 전형적 가을 날씨다. 오늘도 우리 일행은 사당을 출발하여 안양 샘마을에서 선생님을 모시고 길을 나섰다. 휴가철도 지나고 추석 연휴도 지났지만 도로는 오가는 차들로 북적인다, 차중에서는 이번에 우리나라에서는 허난설헌 이후 최초로 여류 한시집을 낸 노산당이 대만에서 작가상을 받게된 이야기가 화제가 되었다. 노산당 자신도 자랑스럽고, 선생님께서도 보람된 일이로다. 요즈음은 계절도 계절인지라 방송에서는 연일 설악산 단풍을 떠들어대지만 중부지방에는 성질 급한 놈만 물들기 시작하고, 아직은 푸른놈이 더 많다. 고속도로에 들어서니 길가 코스모스가 한들거리며, 산과 들에는 엷은 안개가 낮게 드리워져 있고, 멀리 벌판에는 누런 벼들이 수확을 기다리며 서있는 모습이 보인다. 대전 터널을 지나니 가을호수가 산과 어울려 한폭의 그림을 이루며 떠있는 금강호수가 보이고, 이어 옥천휴게소에 이르자 삼우당은 안일당이 보냈다며 호박죽을 내어놓는다. 우리는 안일당이 보낸 따뜻한 마음을 맛으로 느꼈다. 영동에서 김천으로 가는 고속도로는 확장공사가 한창이고, 가을 들판에는 곳곳에서 가을걷이들을 하고있다. 벽송정은 고령에서 합천으로 가는 길목에 있다. 우리는 대구에서 88도로로 들어서서 광주를 향해가다, 성산 나들목으로 빠져 나와 가던 쪽으로 조금 더 나아가니 고령 고분군이 보이고 개진면 푯말이 보인다. 아무래도 초행길이라 알 수 없어 지나는 차량 기사에게 물어보니 친절히 일러준다. 벽송정은 거기서 얼마 멀지 않은 곳에 있다고 한다. 허지만 우리는 여기까지 오느라 시간이 많이 흘러 이미 점심때가 되었다. 근처를 살펴보니 삼막골이라고 상호가 붙은 식당이 보인다. 우리는 그곳으로 들어가 그 집에서 자랑하는 칼국수와 동동주를 반주로 점심 식사를 하고 벽송정을 찾아 나섰다. 벽송정은 거기서 불과 7마장 남짓 떨어진 합천 가는 길목 오른쪽 조금 높은 곳에 위치해 있었다. 다락에 이르니 관리인 전병무 조은숙씨 내외가 우리가 오는 것을 알고 나와서 맞아준다. 정자는 멀리 앞으로 노태산이 보이고 그 앞에 봉진천이 흐르고 있다. 다락 옆에는 암벽정이 있고, 그 옆에는 관리인의 주택이 있다. 다락은 퇴락하여 언제 지어졌는지 정확한 기록은 남아있지 않지만, 임난 후 이 지역의 집성촌이 형성되면서 지방 유림들이 고운 최치원의 유적을 기리고, 유생들을 가르치기 위해 건립한 것으로, 통일 신라 시대의 정자로 최치원이 말년에 해인사에 기거하면서 자주 올랐었고, 봉진 마을앞 안림 천변에 있었으나, 1920년대 홍수로 일부 소실된 것을 현 위치로 옮겨지었다고 한다. 관리인 말에 의하면 벽송정에는 처음에 부조계로 시작되어 400년된 계(契)가 지금까지 이어져 내려오고 있으며, 지금도 곗날에는 군수를 비롯하여 유림및 지방인사들이 백수십 명씩 모인다고 한다. 벽송정은 안림천이 내려다 보이는 산기슭에 자리 잡고 있어 장관을 이루는데, 마을 뒤 학산 기슭에서 노태산을 바라보며 남서향으로 자리잡고 있다. 대문을 들어서면 앞쪽에 널찍한 방형의 마당이 있고 둘레에는 돌담이 쳐져있으며 이단으로 축조된 기단 위에 정면 3칸 측면 2칸으로 홑처마 팔작지붕이다. 정자 안에는 고운 최치원, 일두 정여창, 한훤당 김굉필의 글들이 걸려있다. 우리는 다락에 올라 선생님의 보충설명을 듣고 다락에 걸린 글들을 훑어보았다. 고운은 "暮年歸臥松亭下 一抹伽倻堂裏靑 말년에 돌아와 소나무 정자 아래 누워서 한번 가야산으로 바르니 집속이 푸르구나"라 했고 한훤당은 "松亭琴濕野雲宿 荷沼魚鷺山雨來 송정의 거문고 소리 축축하니 들구름에 잠겼고 연못엔 고기와 갈매기가 노는데 산에는 비가 오는구나"라 했다. 다락을 돌아보고 빙 둘러앉아 시축에 설전이 국화를 그리고 선생님께서는 벽송정상풍(碧松亭上風), 황국유향동(黃菊幽香動)이란 화제를 써주셨다. 우리들도 각자 시를 지어 점검하고, 설전과 삼우당이 지은 시를 목청을 가다듬고 부르다보니, 그럭저럭 다락에서 보낸 시간이 두어시간이 되었다. 여기까지 온김에 해인사를 들려 갔으면 하였으나, 시간 관계상 여의치 않아 귀경길을 서둘러야 했다. 다락을 내려오니, 공부할 때 차까지 끓여 내왔던 전병무씨 내외가 배웅을 나와 있다. 우리는 그들과 다락에 얽힌 이야기를 더듣고 차에 올라 서울로 향했다.

서원 김용대 씀

寶山亭

보산정

18 肴 韻

詠月楊平黃野媌　　龍門山麓一亭烋
檻前淺沼留休鼇　　楹下曲川長大蛟
麗末碩儒牛臥坌　　鮮初從姪赧歸郊
松林居士在何處　　今日七豪吟嘯詨

佳山 任奉壎

구월달 양평은 누우런 들판이 고운데
용문산 기슭에는 한 정자가 우뚝하네
난간 앞 얕은 못은 머물러 쉬는 자라요
기둥 밑 굽은 내는 길고 큰 이무기로다
고려 말 큰 선비의 소가 누어버린 터요
조선 초 한 조카가 부끄럽게 돌아간 들이로다
송림거사는 어디에 계신고
오늘의 일곱 호걸 노래를 읊나이다

漢水上流匹馬鞘　　江邊景色無加媌
楊平古色小亭雅　　丹月新村霜葉炑
昔日松林逃隱地　　今時處士逍遙郊
麗鮮往事追懷裏　　鹽水雙龍傳說愀

西原 金容大

한강 상류를 한 필의 말로 달려가니
강변의 경치가 더없이 아름답구나
양평 옛고을엔 조촐한 정자가 아담하고
단월 새로운 마을엔 서리맞은 낙엽이 기운차도다
옛날 송림거사가 운둔한 터인데
오늘은 처사들이 소요하는 들이로다
고려 조선 지나간 일을 추회하는 속에
소금물 얽힌 쌍용의 전설이 심란하도다

菊月丹楓山野媌　　龍門落脈一亭嵺
圓形八柱洋灰固　　天井雙龍傳說忣
麗末節人逃世處　　近來文士和吟巢
千年往事問無答　　槐下臥牛盧夢嘲

瀛州 金榮基

구월 단풍에 산야가 아름다운데
용문산 줄기에 한 정자 우뚝하구나
둥근 모양 여덟 기둥은 양회로 단단하고
천정의 그린 쌍룡은 전설이 심란하구나
고려 말에 충절한 사람 세상을 도망한 곳이요
근래의 문사들은 시 읊으며 화하는 집이로다
천 년 지나간 일 물으니 대답은 없고
느티나무 아래 누운 소가 개꿈을 조롱하는구나

東出一車百里鞘　　寶山亭聳楊平郊
四圍松柏西風動　　八柱丹靑秋色包
避世牝牛僵定處　　從僧鹽水龍飛怓
古淵蒲草淸香茂　　槐木老枝麗士謀

雪荃 任準臣

동쪽으로 나간 한 수레 백리를 달리니
보산정이 솟은곳 양평의 들이로다
사방에 둘린 송백은 서풍에 움직이고
여덟 기둥 단청이 추색에 싸였구나
세상을 피한 암소가 누워서 정한 땅이요
스님 따라 못에 소금 넣으니 용이 날아 심난하다
옛 연못은 부들풀 맑은 향기 무성한데
늙은 나뭇가지가 고려 선비의 말을 대신하누나

無射楓間匹馬鞘　　楊平丹月古亭嵺
麗時儒士隱身處　　今日七豪音律爻
天井雙龍飛颺勢　　池中蒲草靑香泡
黃波十里歌豊歲　　霞彩西山詩趣交

又仁 慶佑秀

구월달 단풍 사이로 필마가 달려가니
양평 단월에 옛 정자가 높구나
고려때 큰선비 은신하던 곳이요
오늘은 칠호들이 음율로 사귀는구나
다락 천정에는 쌍용이 나는듯하고
연못 가운데 부들은 푸른 향기가 나는구나
십리 누런 물결은 풍년을 노래 하는데
서산의 노을빛에 시취가 나는구나

處處丹楓人海呶　　七豪當到楊平郊
寶山亭上淸風動　　大岱池中靑草烋
天井卷龍高節象　　松林居士務安胞
登臨一坐賡吟裏　　不覺斜陽環酒匏

安一堂 李元熙

처처의 단풍에 사람물결로 시끄러운데
칠호가 당도하니 양평의 들이로구나
보산정 위에는 맑은 바람이 일고
대대의 연못에는 푸른 풀만 무성하도다
천정의 말린 용은 높은 절개를 상징하고
송림거사는 무안박씨의 일가로다
다락에 올라 한자리에 앉아 노래하는 속에
해지는 것도 모르고 술 바가지만 돌리는구나

戊月旻天地上包　黃波十里豊年交
楊平靑塢阿亭特　漢水淸流霜葉泡
麗末松林居士隱　鮮初假釋妄言詨
寶山亭下古池寂　但老槐枝往事諜

三又堂 張善淑

구월의 은혜로운 하늘은 땅위를 감싸고
누런 물결 십리에 풍년과 사귀는구나
양평의 푸른 언덕엔 아담한 정자 우뚝하고
한강물 맑은 물결에 단풍잎이 떠있도다
고려말 송림공이 숨어 살던 곳이요
조선초에 거짓중이 망언하여 말했도다
보산정 아래는 옛 연못이 고요한데
다만 늙은 괴목 가지가 지난 일을 말하누나

보산정(寶山亭)

때 : 4337(2004)년 10월 30일 토요일

곳 : 경기도 양평군 단월면 보령리

오늘의 행선지가 양평이므로 다른 때보다 한 시간 늦게 출발했다. 날씨도 포근하고, 눈앞에 펼쳐지는 오색 단풍이 환상적이다. 또, 거의 일 년여를 다니다보니 이젠 마음이 통해, 서로들 반가움에 이 얘기 저 이야기로 차안이 시끌시끌하다. 선생님만 묵묵…. 그래도 우린 마냥 즐겁다. 사실 우리만큼 값지게 사는 사람들도 드물 거야, 풍류를 아는 사람이 흔하지는 않지. 하긴 다 선생님 덕분이지…. 어느새 용문산 앞이다. 선생님께서 햇볕도 아직 퍼지지 않았고, 시간도 일러 용문사를 들르자고 모처럼 선심을 쓰신다. 아이고 바라던 바라, 우리는 그 유명한 마의태자 은행나무를 둘러보러 용문사로 올라갔다.

용문사는 신라 신덕왕 2년에 창건되었다고 하며, 1100년이나 되었다는 은행나무는 경순왕의 아들 마의태자가 금강산으로 들어가는 도중에 심었다고 한다. 또한 의상대사가 지팡이를 꽂은 것이 살아났다고도 전해진다고 하는데, 전란 중에도 용케 화를 면했다고 한다. 언젠가 겨울에 오니 영양제를 가득 매달고 있더니 지금은 아주 튼실하니 보기에 좋았다.

한바퀴 돌아보고 서둘러 보산정으로 갔다. 커다란 느티나무와 소나무에 둘러싸인 보산정, 그 앞 연못에는 부들이 무성히 덮여 있었다. 자리를 깔고 둘러앉아 공부를 했다. 선생님께서 보산정은 무안

박씨 입향 시조(始祖)인 박정(朴禎) 간의대부가 고려말 정계와 왕궁의 환란을 피해 남쪽으로 가던 중, 짐을 실은 암소가 이곳에 누워서 움직이지 않아 지세를 보니 그런 대로 살기에 부족치않다 싶어 정착했다고 한다. 한터라 이름하고, 대대리(大垈里)라 했으니 바로 무안 박씨로 양평에 들어온 시조가 되었다. 그리하여 세상과 인연을 끊고, 갈옷을 입고 농사를 짓고 호를 송림거사(松林居士)라 하며 살았다고 한다.

그 후에 조카들이 이성계에 협력해 큰 자리에 있으며 벼슬을 권하자 아예 인연을 끊고 깨끗이 일생을 사신 분이다.

몇 대 후, 중이 앞 연못에 소금 300가마니를 뿌리라고 하여 그대로 했더니 용 두 마리가 날아갔고 그 뒤로 박씨가 쇠락했다고 한다. 그곳은 부들포 만이 무성했다. 그 뒤로 용두리(龍頭里) 또는 비룡리(飛龍里)라는 마을이 생겼다고 한다. 그리고 보산정 천정에는 용이 다시 오기를 기원하는 마음으로 용을 그렸다고 한다. 정자는 정사각형으로 정면 두 칸, 측면 두 칸의 팔작 지붕으로 아담한 예쁜 정자다. 우리는 시축에 설전이 국화를 그리고 선생님께서 보산정술월(寶山亭戌月), 황국송림풍(黃菊松林風)이라 화제를 써주셔서 우리들도 한 수씩 읊은 후 '우리집밥상' 집에서 점심을 하고 비교적 이른 2시30분 서울로 출발, 오늘의 일정을 마쳤다. 그러나 눈부신 가을해가 아직 있었다. 무언가 남은 일이 있을 것만 같은데… 해가 있는데 어떻게 집에 들어가느냐는 설전, 우리는 한바탕 웃으며 헤어졌다.

안일당 이원희 씀

氷玉亭

빙옥정

19 豪 韻

南走永同往七豪　藍田古里一亭高
檻前松竹黃花笑　檐後山川紅葉濤
麗末老儒投紱冕　當時女壻從翁操
氷淸玉閏艶傳說　筆下寒風詩軸勞

西原 金容大

남쪽 영동을 칠호가 달려가니
남전 옛마을에 한 정자 높구나
난간 앞 송죽에 국화가 피어 향기롭고
처마 뒤 산천은 단풍의 물결이더라
고려말 선비는 벼슬을 버렸고
당시의 사위는 장인의 지조를 따랐네
빙청 옥윤은 아름다운 장인과 사위의 전설이요
찬바람에 시축 쓰는 붓이 수고롭더라

自古永同人傑高　大儒麗末陽江韜
臺巖覓句亭墟適　篠竹撻徒風俗慅
翁丈氷淸唯骯髒　婿生玉潤粹情操
登臨七客賡吟裏　寒菊檻前黃笑豪

濊州 金榮基

자고로 영동에는 인걸이 높았는데
여말 큰 선비 양강에 숨어 들었도다
대암에서 싯구 찾으니 이 정자 알맞고
조리대로 제자 종아리쳐 풍속을 움직였구나
장인은 얼음같이 맑고 오직 꼿꼿한 정신이요
사위는 옥같이 빛나는 정을 가졌구나
정자에 오른 일곱 나그네 시 이어부르는 속에
찬 국화는 난간 앞에서 누런 웃음이 크구나

左竹右松深藪綢　　凡人不近一亭高
細川柱下潺潺動　　霜葉欄頭颯颯謟
守介金翁遼隱處　　從氷玉壻逍遙皐
曲牆二位讚歎裏　　寒日律聲唯七豪

雪荃 任準臣

왼쪽 대 오른쪽 소나무 깊은 숲이 둘려있고
보통사람은 가까이 할 수 없는 한 정자 높더라
작은 냇물이 기둥아래 잔잔히 흐르고
서리맞은 잎이 난간머리에 우수수 날린다
깨끗한 절개 김옹이 멀리 숨은 곳이요
맑음을 따르는 옥같은 사위와 소요하던 언덕이라
굽은 담안 두 분을 기려 감탄하는 속에
추운 날에 율 읊는 소리는 오직 칠호 뿐이더라

南路加鞭探訪驁　　永山岩岸一樓遭
檻頭松竹靑墻繞　　柱下潭川藍色滔
彼國氷淸玉閨厚　　此鄕德丈良甥高
登臨過客吟詩後　　頰上風寒傾盞醪

又仁 慶佑秀

남쪽으로 준마를 채찍해 가니
영동 바위 언덕에 한 다락을 만나네
난간 머리는 푸른 송죽이 담을 에워싸고
기둥 아랜 맑은 물이 쪽빛으로 흐른다
저쪽에는 빙옥 같은 장인과 사위가 있었고
이 곳에는 덕 큰 장인과 어진 사위가 높았도다
지나는 나그네 다락에 올라 시를 읊은 후에
뺨 위에 부는 바람 차니 술 한잔을 기울이노라

朝夕寒霜落葉滔　　永山氷玉一樓高
藍川柱下千年曲　　黃野欄前十里濤
昔日金公薰育所　　今時羽客詩吟皐
一翁三婿隱居裏　　此處鄕風稱誦遭

安一堂 李元熙

조석으로 찬서리에 낙엽이 흩어지는데
영동에 빙옥이란 한 다락이 높더라
쪽빛 내 기둥 밑에서 천년의 노래를 하고
누런 들 난간 앞에는 십리의 물결이구나
옛날 김공이 훈육하던 곳이요
오늘날 나그네들 시를 읊는 언덕이로다
한 장인 세 사위가 숨어사는 속에
이곳의 시골 풍속이 칭송을 만나더라

松竹深林亭閣遭　　二壇封地石牆繞
檻頭落葉從風散　　柱下藍川依塢滔
麗末金翁遙隱處　　永山分貫入鄕豪
氷淸玉潤三人合　　後進開明前導鼛

三又堂 張善淑

송죽 깊은 숲속에 한 정자를 만나니
두 사람의 단이 돌담장에 둘렀구나
난간 머리 낙엽은 바람 따라 흩어지고
기둥 아래 푸른물은 언덕에 의지하여 흐르는구나
고려말 김 옹 멀리에 숨은 땅이요
영산으로 나뉘어 입향한 시조였다네
빙청옥윤 세 장인과 사위가 뜻을 합하니
후진들을 깨우쳐 가르치는 큰 북이었도다

빙옥정(氷玉亭)

때 : 4337(2004)년 11월 13일 토요일

곳 : 충청북도 영동군 양강면 남전리

영동 나들목을 통과하니 약속되어있는 김병헌씨가 우리를 기다리고 있었는데 김병헌씨는 영산 김씨의 시조인 김영이의 21대손이라 한다.

김병헌씨의 안내로 10여분 달리자 빙옥정에 도착을 했다. 나즈막한 동산 위 정자 앞에 이르자 정자 안에 모셔져 있는 단소에 대한 안내문이 우리를 반긴다.

金令貽 張丕壇所

충청북도 기념물 제 89호

빙옥정, 이 정자 규모는 정면 두 칸 측면 두 칸 팔작 지붕의 목조기와 집이다. 예로부터 전란으로 인하여 명장 명현의 시신을 찾지 못하거나 묘를 잃어버린 경우에, 단을 만들어 묘소를 대신하는 것을 단소(壇所)라 한다.

이 단소는 전객시령 김영이와 한성판윤 장비의 후손들이 단소를 세워 제사를 올리는 곳이다.

고려말 몽고족의 침범으로 국가기강이 흔들리고 치안이 마비되어 나라를 바로잡을 방도를 잃었을 때, 여산군 김영이는 사위 세명을 데리고 낙향하여 나라를 걱정하며 후생을 교육시킨 은자로 명망이 높다. 후에 김영이와 사위인 정랑벼슬을 한 순천박씨 박원용, 둘째사위 한성판윤 장비, 셋째사위 대제학을 지낸 밀양박씨 박시용을 데리고 이곳에 와서, 갈포야복으로 학문을 강의하며 후진양성에 힘썼으며 덕행과 미풍양속을 심어주어 많은 인재를, 배출하며 여생을 보냈다고 한다.

본시 네 분의 단이 있었는데 맏사위 정랑 박원용과 셋째사위 대제학 박시용은 후손들이 묘소를 찾아서 모셔갔고, 김영이와 둘째사위 장비는 묘소를 찾지 못하여 지금까지 이곳에서 두 분의 제사를 올리고 있다고 한다.

그의 후손들이 정자를 짓고 추모하여 빙옥정이라 이름 하였다고 한다. 올 들어 처음으로 영하 5도로 내려간 날씨 때문에 떨면서도 빙옥정 싸늘한 마루바닥에 둘러앉았다.

지난 여름 혈압으로 고생하셨던 선생님께서는 몸이 불편하실 텐데 한치의 흐트러짐이 없으셨다.

선생님의 말씀이 본시 김영이는 신라의 왕손이었다고 한다. 고려말 이곳으로 낙향하여 살면서, 영산김씨 시조가 되었고, 고려 때는 영동지명이 영산이었다고 한다. 김영이는 고려 충열왕 때 태어나 공민왕 때 벼슬을 살았는데 공민왕은 나라가 어려웠던 시절에 몽고에 갔다가 돌아와 왕위에 오른 뒤 고려를 살리려고 혼신의 힘을 다했으나 미치지 못하였다고 한다. 안으로는 홍건적의 난을 수습하여야 했고 밖으로는 외적이 침입해오고 노국 공주의 죽음에 슬픔을 이겨내기가 힘들었다고 한다. 그때 김영이는 전객령을 맡고 있었으나 사표를 내고 사위 셋을 데리고 이곳 영동에 와서 맑은 바람을 일으켜 후진을 키우는데 힘을 썼다고 전해진다.

빙옥정이란 이름에는, 도교정치가 왕성했던 중국 진(晉)나라 때 질서가 없고 혼란시기에 살았던 위개란 사람이 벼슬을 버리고 악광이란 장인을 모시고 낙향하여 맑은 얼음과 투명한 옥처럼 깨끗하게 살았다고 하여 그때부터 빙청옥륜(氷淸玉潤)이란 고사성어가 오늘날까지 내려온다. 진나라 때 빙옥정은 사위가 장인을 모시고 낙향하여 깨끗하게 살았다는 기록이고 영동의 빙옥정은 장인이 세 사위들을 데리고 낙향하여 맑은 바람을 일으킨 흔적이다. 김병헌씨는 선생님의 말씀에 눈이 둥그래지며 몰랐던 사실을 알게 됐다했다. 빙옥정 중방엔 김병헌씨의 부친께서 선조를 기리는 시가 현각되어 있다. 서릿바람에 낙엽이 어지러이 떨어진다. 정자 마루에도 사정없이 찬 기운이 몰아쳤다. 그런데 추위에 사방이 터진 정자가 안온할 리 있겠는가? 턱이 덜덜 떨리고 추워서 몸은 자꾸만 오그라들었다. 선생님께서는 극기하시는 모습이 역력하셨다. 공민왕도 고려를 살려보려고 애를 썼지만 국가의 기운이 너무 기울어 있었던지라 나라를 바로 세우지를 못했다고 한다. 한 가정이든 나라이든 항상 내일을 준비하는 자세가 있어야겠다고 다짐해본다. 설전의 국화그림에 선생님께서는 빙옥정청풍(氷玉亭淸風), 황화만절기(黃花晩節氣)라 화제를 쓰시니 우리들도 따라서 한 수씩 읽고 일어섰다.

김병헌씨도 사진기로 우리의 이런 모습을 카메라에 담느라고 신이 나있다. 추위 속에 우리는 고려의 흔적을 가슴에 새기며 서울로 발길을 돌렸다.

삼우당 장선숙 씀

昭陽亭

소양정

20 歌 韻

深谷遡江光海迤　　鳳儀北麓一樓嵯
檻前水上漁翁睡　　檐後林中松鶴傞
貊國新知今世重　　牛頭舊址古都哥
噲正瞰下昭陽浪　　自出舜皇長影歌

佳山 任奉墉

깊은 골짝 강을 거슬러 춘천을 어정거리니
봉의산 북쪽 기슭에 한 다락이 높구나
난간 앞 물위에는 고기 잡는 이 졸고 있고
처마 뒤 수풀 속에는 소나무 학이 춤을 춘다
맥국에 대한 새로운 지식은 오늘날에 중요하고
우두산의 옛 터는 옛 도읍으론 형님이다
시원한 마루에서 굽어보는 소양강 물결인데
저절로 나오는 순임금의 긴 그림자의 노래로다

昨夜雪寒風雨難　　今朝日色快晴和
鳳儀山下高亭麗　　牛首湖邊貊國坡
太古都痕證瓦片　　未來大夢象芙荷
登樓望遠眞佳景　　萬里長江浮一歌

西原 金容大

어제밤 눈이 찬데 바람과 비 컸었고
오늘 아침 햇빛은 맑게 개여 평화롭다
봉의산 아래는 높은 정자 아름답고
우수호 가에는 맥국의 언덕이로다
태고의 도읍의 흔적은 기와가 증명하고
미래의 큰꿈은 연꽃이 상징하네
다락에 올라 멀리 보니 참으로 아름다운 경치요
만리 장강에 노래 한 수 띄우노라

太古貊都牛首坡　　鳳儀北麓一亭娥
檻前江水悠悠去　　檐後山雲靄靄嵯
舜帝高明眞飭此　　槿花窕淑正侔他
東方號令幾千載　　今日吾任諮碧波

瀛州 金榮基

아주 옛날 맥국의 서울 우두산 언덕인데
봉의산 북쪽 기슭에 한 정자 아름답구나
난간 앞 강물은 유유히 흘러가고
처마 뒤 산 구름은 뭉게 뭉게 피어오르네
순임금 고명한 지혜 진짜로 여기서 닦았고
무궁화 곱고 맑은 것은 저 올바름 닮았도다
동방을 호령한 지 몇 천 년이던고
오늘날 우리 임무는 저 벽파에 묻노라

上月寒風匹馬馱　　東馳深入貊都坡
鳳儀山麓古亭特　　牛首峯低長水波
樓號昭陽臨碧浪　　村名槿洞通韶歌
檻頭一坐七豪客　　半萬史光吟律難

雪荃 任準臣

시월달 찬바람에 말을 타고 달려서
동쪽으로 깊이 들어가니 맥의 도읍 언덕이로다
봉의산 기슭에는 옛 정자가 우뚝하고
우수봉 밑에는 긴 물의 물결이더라
다락이름 소양인데 푸른 물결에 임했고
마을이름은 근동이니 순임금 노래와 통하는구나
난간머리 한 자리에 앉은 일곱 명의 나그네요
반만 년에 역사의 빛을 읊는 소리 크구나

東出走車貊邑過　　鳳儀山麓古樓娥
昭陽江水繞欄帶　　牛首山雲親椭羅
凰鳥槿花傳說大　　湖州谷景好觀多
登臨七客賡吟裏　　一縷淸風送世疴

又仁 慶佑秀

동으로 나와 달리는 한 수레 맥읍을 지나니
봉의산 기슭엔 옛 다락이 곱구나
소양강 물은 난간을 에워싼 띠 같고
우수산 구름은 처마 가까이에 펴있구나
봉황과 무궁화에는 전설이 크고
호수 고을 골짜기에는 경승이 많구나
칠객이 다락에 올라 율을 읊는 가운데
한 줄기 맑은 바람에 세상 시름을 띄어 보낸다

濊貊古都探訪哦　　周圍山水秀淸阿
三韓亭閣蒼蒼立　　千里長江默默沱
牛首峰中煙霧繞　　昭陽湖上鷺鷗娑
東夷往事追懷裏　　今日慙心投碧波

安一堂 李元熙

예맥의 옛 서울을 찾아가보니
주위 산수 빼어나게 아름답구나
삼한때의 정자가 옛스럽게 우뚝하고
천리의 긴 강이 말없이 흐르는구나
우수봉우리는 안개에 둘려있고
소양호 위에선 갈매기가 춤추는구나
동이족의 지난 일을 추회하는 속에
오늘의 부끄러운 마음 푸른 파도에 던져본다

山麓平墟亭閣嵯　　七豪詩軸檻頭羅
岸低碧水古今動　　峯上白雲新起娥
牛首深林藏貊史　　鳳儀高峀績韶歌
數千載事追懷裏　　騷客寒風飛髮皤

三又堂 張善淑

산기슭 평평한 터에 정각이 우뚝한데
칠호들의 시축이 난간 머리에 펼쳐졌네
언덕아래 푸른 물결은 고금에 움직이고
봉우리 위의 흰 구름은 새로 일어나 아름답네
우수산 깊은 숲 속에는 맥의 역사를 간직하고
봉의산 높은 산 구멍은 순임금의 노래 쌓였구나
수 천년의 일을 미루어 생각하는 속에
소객 들은 찬바람 속에 흰머리가 날리더라

소양정(昭陽亭)

때 : 4337(2004)년 11월 27일 토요일

곳 : 강원도 춘천시 소양로1가

오늘은 20번째 춘천에 있는 소양정을 찾는 날이다.

날씨가 흐렸지만 생각보다 춥지않아서 다행이다. 안일당과 삼우당과 같이 사당동에 이르니 모든 회원들과 선생님도 오셨다. 서울을 출발하여 외곽을 지나니 바깥공기가 따뜻해 보인다.

차안에는 선생님 녹음이 흘러나왔다. 고문진보를 강의하신 녹음테잎의 소리다. 모두 숙연이 책을 펴고 조용했다. 시간가는 줄 모르고 의암호를 지나 소양정에 당도했다. 돌계단인 층층을 돌아 올라가니 겨울인데도 따뜻함을 느꼈다. 정자는 2층으로 아담했고 언덕아래는 소양강이 굽이쳐 유유히 흐르는 전경이 아름다웠다. 다락에 올라 화문석을 펴고 안일당이 방석을 준비해서 보기에도 따뜻했다.

시축을 펴고 설전이 대나무를 그리고 선생님께서 화제를 주셨다.

수죽심중천고절(脩竹心中千古節)
소양정상삼한풍(昭陽亭上三韓風)

긴 대나무 마음속은 천고의 절개요
소양정 위에는 삼한의 바람이구나

그리고 선생님 말씀이 계셨다. 춘천은 고도(古都) 맥족(貊族)의 서울이며 치(豸)자는 해태(獬豸)로 옳고 그름을 판단하여 안다고 하는 상상의 동물을 상징하며, 발 없는 벌레치자로 앉아서 받아먹기만 하는 왕벌레란 뜻인데, 일하는 벌레들을 다스리며 옳고 그름을 가려서 판단해주는 으뜸가는 자리에 있는 벌레란 뜻이다. 그래서 맥족은 앞선 민족이요 남을 다스리는 민족이란 뜻으로 역사의 원천이다. 저 앞산이 우두산 즉 소머리(牛頭) 우두머리란 이름이며 순(舜)임금이 중국에 드실때 봉황이 나타났다는 중국 기록이 있는데, 마침 소양정은 뒷산이 봉의산(鳳儀山)이요 앞산 멀리는 우두산(牛頭山)이 있고 기슭에는 옛 맥(貊)의 서울터로 전하며 아랫마을 이름도 근화동(槿花洞)이다. 동리 이름도 우연치 않다. 순(舜)이란 글자가 무궁화 순자이니…… 강원도 춘천은 맥(貊)이요 강릉은 예(濊)의 옛고을이라 하셨다.

이 정자는 강원도 문화재 자료 제1호로, 처음 창건한 시기는 확실치 않다. 고려말 문인들의 시에 나오는 것으로 보아 이 때 이미 존재한 것이 확실하다. 아니, 그훨씬 전 삼한(三韓)시대에서부터 있었다는 기록도 있다. 운곡(耘谷) 원천석의 시에 소양정이라는 명칭이 보이나 15세기 경에는 이락루(二樂樓)라는 이름이 사용되기도 하였다. 본래 현 위치보다 아래쪽인 소양강 남쪽 강변에 있었다. 1605년 홍수로 유실된 것을 1610년에 다시 지었고, 1647년에 또 다시 지었으며, 1647년 인조25년에는 크게 수리하면서 정자 동쪽에 선몽당(仙夢堂) 부속건물을 세웠으며 이 때 다시 소양정으로 이름이 바뀌었다. 1777년 홍수로 유실되어 1780년 다시 지었고, 한국전쟁 때 소실된 것을 1966년에 옛터보다 위쪽이 되는 봉의산(鳳儀山) 기슭에 중층 누각으로 다시 지었다. 현재 소양정은 정면 4칸 측면 2칸 이층으로 된 형식으로 팔작지붕 건물이다.

우리민족은 참으로 끈질기게 이와같이 무수한 문화유산을 면면히 이어왔다. 시들을 지어 돌려가며 시창을 끝내고 정자를 내려와 소양땜 부근 대동강 식당에서 쏘가리 매운탕을 맛있게 먹고 서울

오는 도중에도 구양수가 쓴 가을소리를 읊은 추성부(秋聲賦) 녹음테잎을 듣노라니 어느결에 서울에 왔다. 같이 놀던 청담(靑潭)의 시를 덧붙인다.

靑狙小春光海過	鳳儀山麓一亭娥
昭陽額墨江名合	層閣嶒正騷客呿
舜字槿花當後里	貊都牛首卽前坡
三韓風月綿綿裏	袍笠琴聲隨我歌

예주 김영기 씀

서원 김용대 집필

永思亭

영사정

21 麻 韻

猿祀應鍾晦日娉　　長城千里南行居

松林洞口古亭特　　煙霧岸中旌閣佳

麗末武功逃遯地　　鮮時救國盡忠家

登臨廻憶萬懷起　　歸路夕陽空慽加

西原 金容大

원숭이해 시월달 그믐이 아름다운데

장성 천리를 차는 남으로 달렸다

소나무 숲 동구에는 옛날 정자가 우뚝하고

연무의 언덕엔 충효각이 아름답구나

여말 무공을 세운 분이 숨어든 땅이요

조선 시대 나라 구한 충성을 다한 가문이로다

다락에 올라 생각하니 만가지 회포가 떠오르고

석양에 돌아가는 길 공연히 근심만 더하네

古邑松林亭閣嘉　　背山俯瞰大坪遐
上樑麗末千年齒　　蓋瓦長牀八作家
投紱落鄕傳介節　　讀經反響起煙霞
石墻門外旌閭特　　世世子孫庭訓華

瀛州 金榮基

옛 고을 송림에는 정자가 아름답고
산을 등지고 내려다 보니 큰 벌판 멀리 펴졌구나
대들보 상량은 고려말 천년의 나이요
기와집 긴 마루의 팔작 지붕이구나
벼슬을 던지고 시골에 내려와 큰 절개 전했고
글읽는 소리 되려 울려 연기와 안개 이는구나
돌담 문 밖에는 정려각 우뚝하니
대대로 자손들에게 가정 교훈이 빛났도다

千里長城南走騢　　己過大雪故寒遐
後山綠綠林松竹　　前水潺潺遊鴨鴐
正面三間高瓦閣　　曲牆半丈赤門家
麗時大節隱逃處　　今日七豪賡唱歌

雪荃 任準臣

천리길 장성을 향해 남으로 달리는데
이미 대설이 지났건만 추위는 짐짓 멀구나
뒷산은 송죽이 울창하여 푸르고 푸르며
앞의 물은 잔잔한데 오리와 거위가 노는구나
정면 3칸의 높은 기와집이요
둥근 담장 반길의 빨간 대문 집이네
고려 때 큰 절개 도망해 숨었던 곳인데
지금은 칠호들이 노래를 이어 부르는구나

大雪寒風走匹騢　　長城古邑一亭嘉
三間赤柱石墻繞　　八作飛檐鈴鐸譁
先祖入鄉滋裔胄　　後孫獻器救邦家
西山日影欄廳照　　京客賡歌寂寞撾

又仁 慶佑秀

대설 찬 바람에 필마로 달려가니
장성 옛 고을에 한 정자가 아름답구나
삼간 붉은 기둥에 돌담이 에워싸고
팔작지붕 나는 듯한 처마에 풍경이 시끄럽구나
입향 선조는 후예를 잘 길렀고
후손은 병기를 만들어 나라 구했도다
서산의 지는 해 난간 마루를 비추는데
서울 나그네 노랫소리에 적막이 깨지는구나

坤月七豪走一騢　　長城當到山川嘉

林中亭閣無言特　　檐下風鈴有口譁

孤節老翁憂國處　　潁才少壯讀經家

育英昔日追懷裏　　賡唱渴求人物芽

安一堂 李元熙

시월에 칠호들이 한 말을 달려서

장성에 당도하니 산천이 아름답구나

수풀 가운데 정자는 말없이 우뚝한데

처마밑 풍경은 시끄럽게 울리는구나

고절 늙은이 나라를 걱정하던 곳이요

재주 있는 젊은이 글을 읽던 집이로다

영재를 키우던 옛날을 뒤 돌아보며

노래를 부르며 인물이 싹트기를 갈구해본다

古邑長城千里遐　　促轠當到一亭嘉
黃龍川水貫前野　　啼鳳山雲帷後闍
麗末誠忠堅志狷　　鮮朝大義守邦笆
七豪賡唱律聲裏　　日慕西天烋彩霞

三又堂 張善淑

옛 고을 장성은 천리나 먼데
재촉해 당도하니 한 정자 아름답구나
황룡천 물은 앞벌판을 흐르고
제봉산 구름은 뒤 성문을 가리웠도다
고려말 성충은 고집스런 뜻이 단단했고
조선조 대의는 나라의 울타리를 지켰도다
칠호들이 이어 부르는 노랫속에
서천에 지는 해는 아름다운 노을이로다

영사정(永思亭)

때 : 4337(2004)년 12월 11일 토요일

곳 : 전라북도 장성군 장성읍 장안리

항상 마지막 달력장을 넘길 때 마음은 왠지 씁쓸하고 개운치 않고, 그런데 정말 내게는 너무도 엄청난 한 해였었다. 상상조차 하기 힘든 나날들, 이제 조금 추스린 남편을 보며 감사의 마음도 가져본다. 그래도 가끔 가끔 이런 기쁨의 만남으로 나 자신을 달래며 잠시라도 시름을 덜었으니 사실 많이 미안하고 또 쾌히 보내주니 고맙다.

어쩌랴! 이 동천 칠호의 시회가 보통 시회가 아니지 않는가…….

내 이 마음을 아는지, 지금이 어느 땐가 이렇게 포근하고 따뜻할 수가… 선생님을 모시고 다니는데 얼마나 다행인지 차는 장성을 향해 신나게 달리고 기흥휴게소가 나오니 그냥 갈 수 있나 따끈한 차 한 잔씩 나누고 또 다시 달려 12시가 다되어 장성에 도착했다. 읍내에서 설렁탕 한 그릇씩 뜨끈히 속을 풀고 장안마을을 찾으니 마을 바로 위에 본래 산정이었는데 1930년경 후손들이 중건하여 선현을 사모하는 뜻에서 영사정이라 했다는 아담한 정자가 봉암산 기슭 양지 바른 곳에 터잡고 있었다.

정자는 정면 3칸 측면 2칸 팔작지붕으로 주위엔 담장이 에워싸고 있었다. 정자의 주인인 변정(邊靜)은 본관이 황주로 태천백 변여(邊呂)의 후손이시다.

공은 고려 말 전공(戰功)을 세워 떨쳤으나 신돈의 미움을 받아 장성농가에 내려와 은거하였다. 조선이 건국되자 사정(司正)으로 불렀으나 끝내 나가지 않고 고절을 지키신 깨끗한 분이시라고 선생님께서 거듭 말씀하시며 화제를 주신다.

암죽응종절(巖竹應鍾節) 암죽은 10월의 절개요
영사정상양(永思亭上陽) 영사정 위는 따뜻하다

다소곳이 앉아 시축머리에 설전이 죽(竹)을 치고 선생님의 화제를 쓴다. 멋지다, 저 정도면 꽤 잘 산 인생이야. 아니, 우리 모두 이 정도면 꽤 괜찮은 삶이 아니겠나! 팔불출이래도 좋다. 우리들이 읊은 시로 스스로가 대견해 목청껏 시창을 하고 나니 속이 다 후련하다.

한 바퀴 정자를 둘러보고 짧은 해가 기울어지기에 서둘러 내려와 귀경길에 올랐다. 날씨를 많이 걱정했는데 다행히 날이 포근함을 다행스러워하며 정담을 나누다보니 지루한 줄 모르고 벌써 평촌이다. '천둥소리'에서 갈비로 저녁을 맛나게 먹고 선생님을 모셔다드리고 사당동에서 헤어졌다.

안일당 이원희 씀

안일당 이원희 집필

萬枝亭

만지정

22 陽 韻

呂月寒風榮邑行　　豊多史蹟保全良
龍岩山下古亭雅　　安定川邊鳥石臧
麗代先儒朱子慕　　鮮時後裔孝誠光
上村書院西坡閣　　累世名門學節芳

西原 金容大

선달 찬바람 속에 영주를 가니
풍부한 사적이 보존이 잘되어 있구나
용암산아래 옛 정자 아담하고
안정 천 가에는 빗돌이 아름답구나
고려때 옛 선비는 주자를 공경했고
조선때 후예들은 효성이 빛났더라
상촌의 서원에는 서파각이요
누대 명문에는 배움의 절도가 아름답구나

自古奈靈儒士鄕　　龍巖山麓高亭彰
萬枝楣號雲仍盛　　一本文成影幀將
麗代初開朱子學　　鮮時滿發紹修光
已過榮落暗回想　　一暮西天交感彷

瀛州 金榮基

자고로 영주는 선비의 고을이요
용암산 기슭에는 높은 정자 빛나는구나
만지의 정자이름은 자손 번성을 뜻함이요
한 근본으로 문성공의 영정을 받드는구나
고려 때 처음 열린 주자학이요
조선시대 만발했던 소수서원 빛이로다
이미 지난 영고성쇠를 가만히 돌이켜 생각하니
해는 서산에 저무는데 서로 만감만이 오가는구나

日暖今朝旅路歇　　榮州直到萬枝堂
老松濃影橫庭內　　靑竹細風親檻傍
書院廟宮存主壁　　安門宗族仰高岡
遠邦道學傳修守　　千歲已過何處藏

雪荃 任準臣

따뜻한 오늘아침 여행길이 밝은데
영주를 바로 가니 만지당이로구나
노송의 짙은 그림자가 뜰안에 비꼈고
푸른 대나무의 가는 바람 난간 곁에 친하더라
서원의 묘궁에서는 주벽으로 우러르고
안씨 문중에서는 높은 뫼로 우러른다
먼 나라에서는 도학을 닦고 지켜 전하니
천년이 이미 지났는데 어느곳에 감췄는가

臨月寒風走匹驪　　儒村千里古亭章
麗時先祖入朱學　　鮮代後孫純孝光
影閣大賢嚴肅坐　　閭閻盛裔和平償
登軒遠客追懷裏　　閒寂樓庭滿昨陽

又仁 慶佑秀

음 12월 찬 바람에 필마가 달려가니
천리 선비 고을엔 옛 정자가 곱구나
고려 때 선조는 주자학을 들여왔고
조선시대 후손은 효성의 빛이 컸도다
영각 안에는 큰 선비가 엄숙히 자리했고
여염에는 번성한 후손들이 화평으로 답하는구나
원객 다락에 올라 옛 일을 추회하는데
인적 드믄 다락 뜰엔 낮 햇볕이 가득하구나

昨雪寒風氷道忙　　今朝旅路如春陽
榮州千里催驅到　　古閣萬枝端坐臧
先祖自尊朱子學　　後孫奉幀名門堂
近村書院來他姓　　松下雙雙情話糖

安一堂 李元熙

지난 밤 눈에 찬바람이라 얼음길이 근심인데
오늘 아침 여행길 마치 봄볕 같구나
영주 천리 재촉해 몰아 도착하니
옛 다락 만지정이 단정히 앉아 아름답구나
선조는 스스로 주자학을 높였고
후손은 영정을 받드는 명문의 집이로다
가까운 마을 서원은 타성들이 와서
소나무 아래 쌍쌍이 정담으로 달콤하구나

臨月一車到土鄕　　龍山幽谷古亭臧
老松墻後千年拜　　細竹欄前四季蒼
先祖麗時儒學樹　　裔孫鮮代影眞藏
綿綿葛藟攀檀木　　半萬載風尤頡頏

三又堂 張善淑

12월 한 수레를 달려 선비 고을에 이르니
용산 그윽한 고을에 옛 정자 아름답구나
늙은 소나무 담장 뒤에서 천년을 절을 하고
가는 대는 난간 앞에서 사시사철 푸르구나
고려의 옛 할아버지는 유학을 세웠고
조선때 후손은 영정을 모시었네
이어이어 칡덩굴이 밝달나무에 얽혀
반만년 바람속에 더욱 오르락내리락 하는구나

만지정(萬枝亭)

때 : 4338(2005)년1월 22일 토요일

곳 : 경북 영주시 안정면 용산리 147 유형문화재 237호

그간 삼한사온이 무색하게 계속되는 추위에, 걱정했으나 오늘은 마치 봄날 같아 우린 기분 좋게 출발했다.

영주를 향해 평촌에서 선생님을 모시고, 달리는데 그사이 무엇 쌓인 얘기가 많은지 안부 섞어 시끌시끌하다. 에버랜드 때문인지 용인에서 길이 막히니 그저 지금 이렇게 놀이문화에 빠질 때가 아닌데, 걱정을 하시는 어르신들..

요사이 경제문제가 말씀이 아니지 않는가? 여주 휴게소에서 차 한잔씩 나누고, 고문진보 테잎을 들으며 달린다. 소자첨이 쓴 조주 한문공 묘비를 공부했다. 필부의 100대의 스승이라며 한퇴지를 추켜세운 글로, 중국 명문장에 드는 글이라고 선생님께서 말씀을 하신다. 이렇게 공부를 하다보니 어느새 풍기 나들목이다. 곳곳에 삼밭이 보이더니, 역시 풍기다. 우회전해서 들어가니, 안정초등학교가 나오고, 큰 바위에 선비의 마을 대룡산 이정표가 있었다. 이장님 부인이 족보를 가지고 안내를 해주었다.

만지정은 안향 문성공의 후손 만지정 즉 안욱(安頊)이란 분이 효성이 지극하고 또 풍류를 좋아하여 이곳에 정자를 짓고, 선조인 회헌공 영정을 모셨으며 이 영정은, 소수서원에 있는 원본을 개모영정(改摹影幀)하여 제향을 드렸다 한다.

뒷산은 용암산, 앞에는 자그마한 개천이 흐르고, 뜰엔 산죽이 파

르라니 무리지어 있었다.

정자는 정면2칸, 측면2칸 전면은 마루로 남향이라 햇살이 제법 따뜻했다. 선생님께서 설전의 대나무 그림에 화제를 일본만지연(一本萬枝延), 무심유절청(無心有節淸)으로 내려주셔서, 둘러앉아서 문성공에 대한 말씀을 들었다.

유학엔 안향이 빠지면 유학의 계통이 서지 않는다 하시며, 원나라 연경에 들어가서 처음으로 주자의 책과, 공자와 주자의 화상을 구하여 돌아와 주자학을 연구하였으며, 주자초상을 항상 벽에 걸어두고 숭배하고 주자의 호 회암(晦庵)을 본따서 회헌(晦軒)이라 했다한다. 이로부터 주자학파가 내려오게 되었으며, 조선 때 주세붕이 풍기 군수시 소수서원을 짓고, 안향을 모셨다고 한다. 이것이 우리나라 최초의 사액서원이라고 말씀하신다. 이것을 계기로 전국에 서원이 생기게 되었으니, 또한 대단한 공로 아닌가?

그러니 이분을 빼놓고 어찌 주자학을 논할 수 있겠는가? 시상을 가다듬어 한 수씩 읊고 소수서원을 둘러가야기에 서둘러 내려와서, 아랫 동리에 있는 돌가네생생오리 집에서 늦은 점심을 맛나게 먹고, 소수서원으로 향했다.

안일당 이원희 씀

가산 임봉훈 집필

陟西亭

척서정

23 庚 韻

南路缶溪匹馬行　公山北麓一亭迎
高峯雲霧檻頭繞　深谷澗泉楹下鳴
棄仕落鄕千古節　竹橋變故萬年貞
敬齋當日未而立　天地何人如此聲

佳山 任奉爋

남쪽길 부계를 필마로 달려가니
팔공산 북쪽기슭에 한 정자가 맞이하도다
높은 봉우리 구름안개는 난간 머리를 에워싸고
깊은 계곡샘물은 기둥 아래서 울도다
벼슬 버리고 고향에 돌아오니 천고의 절개요
선죽교의 변고는 만년의 곧음이로다
경재공은 그날 나이 삼십이 되지도 않았는데
천지의 어떤 사람이 이 같은 소리를 내겠는고

既越酷寒春色明　　缶溪山麓古亭嶸
南川煙景傳花信　　北岳流泉聞瀑喤
麗末義人高節邑　　今時介士宣揚聲
七豪一坐檻頭興　　吐露永言天地盈

西原 金容大

이미 혹한을 지나 봄빛이 밝은데
부계산 기슭엔 옛 정자가 높구나
남천 좋은 경치 꽃 소식 전해오고
북악의 흐르는 샘은 폭포로 울리는구나
여말 의인의 높은 절개 고을이요
금시 큰 선비 선양하는 소리로다
칠호 한 자리 난간머리에서 흥이 나니
읊어내는 시 소리 천지에 가득하도다

匹馬馳驅大峙征　　八公落脈古亭迎
南川曲水檻前跙　　西谷飛泉牆外鳴
投紱歸鄉忠毅節　　拜都辭世義人貞
當時往事追懷裏　　一縷梅香檐下翃

瀛州 金榮基

필마를 달리고 달려 한티고개를 넘으니
팔공산 기슭의 옛 정자가 맞이하는구나
남천의 곡수는 난간 앞에서 머뭇거리고
서곡의 폭포는 담장 밖에서 우는구나
벼슬을 던지고 고향에 돌아온 충의의 절개요
서울에 절하고 세상떠나니 의인의 곧음이로다
당시 지난 일을 추회하는 속에
한 줄기 매화향기가 처마아래에서 날리는구나

南走缶溪朝日晴　　一車峴道春光瑛
松林柳畔古亭特　　溪澗泉中新曲詼
幼學能才臨埈位　　竹橋悲報思幽城
遠儒七客律吟裏　　檻下後庭微笑萲

雪荃 任準臣

남으로 달려 부계에 이르니 아침해가 맑고
한 수레 고갯길 봄빛이 빛나는구나
송림 버드나무 언덕 옛 정자 우뚝하고
시냇물 샘 가운데는 새로운 곡조의 노래로구나
어려서부터의 능력과 재주, 높은 지위에 다다랐고
선죽교 비보에 죽음을 생각했도다
멀리 온 선비 일곱이 노래하는 속에
난간 아래 뒤뜰에는 향풀이 미소짓는구나

二月春風南走騂　　八公山麓天光淸
斜途岸畔古亭雅　　溪壑流川肩擊行
昔日義人幽居處　　今時後裔遺香程
檻頭長影水濱麗　　騷客執杯追憶傾

又仁 慶佑秀

이월 춘풍에 남으로 말을 달리니
팔공산 기슭 하늘 빛이 맑구나
비탈길 언덕에 옛 정자 아담하고
골짜기 흐르는 물은 어깨를 비비며 흐르는구나
옛날 의인이 유거하던 곳이요
오늘은 후예들이 남은 향기를 헤아린다
난간머리 긴 그림자 물가에 걸렸는데
소객은 잔을 들어 옛 생각에 젖어본다

二月春分野色明　　缶林舊里一亭崢
深溪長水檻前唱　　築石曲牆庭後縈
歸邑昔人千古節　　守州今老百年誠
七豪吟詠斜陽裏　　何處高低羲瑟鳴

安一堂 李元熙

이월 춘분에 들빛이 밝은데
부림 옛 마을에 한 정자 높구나
깊은 계곡 긴 물이 난간 앞에서 노래하고
돌로 쌓은 굽은 담장이 뜰 뒤를 둘렀더라
고향으로 돌아온 옛사람은 천고의 절개요
고을을 지키는 늙은이들은 백년의 정성이로다
칠호가 노래하는 해 저무는 속에
어느 곳에서 들려오는 복희의 비파소린가

深澗柳涯春色盈　雅亭檻上七豪詠
柱低青水歡今客　檐末白雲戀舊京
牧圃兩翁忠節種　爵齡廿代儒儀行
麗朝處處多光介　此谷缶林唯一名

三又堂 張善淑

깊은 산골 버들언덕엔 봄빛이 가득하고
아담한 정자 난간 위에는 칠호들 노래 소리로다
기둥아래 푸른 물은 오늘에 나그네들 반가워하고
처마 끝 흰 구름은 옛 서울을 그리워하네
목은 과 포은 두 늙은이가 충절을 심어줬고
벼슬과 나이 이십대에 선비의 몸가짐 실천했도다
고려조 곳곳에 빛나는 절개가 많았는데
이 골짜기 부림에도 오직 하나의 이름이구나

척서정(陟西亭)

때 : 4338(2005)년 3월 20일 일요일

곳 : 경상북도 군위군 부계면 남산리

오늘은 절기로 밤과 낮의 길이가 같다는 춘분, 동천 칠호 한시반 다락 순례 23회 째 규장전운 23번째 운(韻) 경(庚)자를 가지고 경북 군위의 척서정을 찾아 가는 날이다.

사당역에 이르니 오늘 우리를 태우고 갈 승합차가 도착해 있고, 차 안에는 이미 모든 회원들이 승차하고 있다. 내가 도착하고 차는 바로 출발 하여 안양으로 선생님을 모시러 갔다.

창밖은 봄날씨답게 따뜻하고 상쾌한 바람이 차창을 통해 들어온다. 남태령을 넘어 과천, 인덕원을 지나 평촌 샘마을이 가까워 오니, 멀리 검정 두루마기를 단정히 차려 입으신 선생님의 모습이 눈에 들어온다. 우리는 선생님을 모시고 오늘의 목적지를 향해 출발했다. 북수원 나들목으로 들어가 신갈 입체 교차로를 통해 경부고속도로로 들어가니, 도로 주변은 만물이 겨울잠에서 깨어 기지개를 켜며 꿈틀대는 듯하다. 궁내동 나들목을 지나자 삼우당이 선생님이 강의하신 고문 진보 중 범중론 녹음테이프를 걸었다.

중국 진 말년에 초패왕 항우는 기운이 능히 전국을 제패할 수 있었는데, 범증의 말을 듣지 않고 유방을 살려 놓아 주고 한(漢)은 진평의 계책에 따라 초의 군신간을 이간시켜 유방이 두려워하는 범증과 항우 사이에 틈이 생기게 하여, 범증이 항우를 떠나 팽성에 이르기도 전에 속이 상해 등창이나 죽었는데, 이는 이미 이전에 항우가 송의를 죽였을 때 기미를 알고 떠났어야 했다는 이야기로, 범증이 자기의 욕심 때문에 항우의 속을 제대로 알지 못했다는 이야기다.

옥산 휴게소에 잠시 들렀다가 출발하여 청원을 지나고 대전을 지나자 군데군데 공사가 한창 진행 중이다. 금강 휴게소를 지나게 되자 금강휴게소의 멋진 경관이 화제에 올랐다. 지난번 방송드라마에서 이 고속도로를 처음 건설할 때 이 구간의 터널을 공사하느라 무진 애를 쓰던 모습이 생각난다.

옛 성현의 말씀에 우리가 편리할 때 이를 제공하는 사람의 노고를 생각해야 한다고 하였는데 과연 우리는 우리가 먹고 쓰고 마시고 누리고 이용할 때 얼마나 그들을 생각하며 살까? 미안한 생각이 든다. 추풍령을 지나 김천, 구미를 지나니 멀리 "푸른 대구 밝은 미래, 세계 속의 패션 대구"라는 문구가 눈에 들어온다.

대구에 이르렀다. 우리는 시가지를 거치지 않고 군위로 가기 위해 북대구 나들목을 나와 정자 주인에게 전화를 했다. 그 쪽에서는 한치고개를 넘어 남산리에 와서 전화를 하라고 하는데 초행길이라 어디가 한치고개인지 알 수 없어, 물어물어 고개를 찾아 돌아올라 가는데, 여기도 서울과 마찬 가지로 교외에는 역시 음식점들이 많다. 차로 굽이굽이 좌로 돌고 우로 돌아 한참을 돌아올라 가니 귀가 멍멍하다 꽤 높은가보다. 정상 가까이 올라, 오른쪽 아래를 내려보니 천주교 성지가 보이고 거기서 조금 더 오르니 한티 고개 정상이다. 정상을 조금 지나, 밑을 내려다보니 저 멀리 발아래 산기슭에 조금씩 마을과 전답들이 보인다. 굽이굽이 산을 돌고 돌아 내려오니 시계가 열두 시가 넘었다. 우선 점심을 해결해야 했다. 우리는 주차장에 차를 세워 두고 근처 옥동 식당으로 찾아 들어가 점심을 시키고 기다리고 있는데, 정자 주인들이 우리를 기다리다 찾아 나섰다가, 우리를 알아보고 들어왔다. 우리에게 점심을 대접

하려 하였는데, 우리가 미리 자리를 잡고 앉았다는 것이다. 선생님께서 합석하기를 권했으나 그들은 옆방으로 가서 자리를 잡았다.

우리는 점심을 먹고 식당을 나와 정자를 찾아 나섰다. 정자는 거기서 얼마 떨어지지 않은 곳에 있었다. 사찰로 들어가는 길로 들어가다 왼쪽으로 개천을 따라 올라가다 길 끄트머리 오른쪽 산기슭에 위치해 있다. 개천을 바라보고, 뒤에는 산이 있고 앞에는 물이 흐르며 겹처마 팔작지붕에 전면 삼칸 측면 두칸에 방이 두칸 달려 있는 아주 아담한 정자이다. 우리는 다락 주변을 둘러보고 사진도 찍고 다락에 걸려 있는 글들도 훑어보고 자리를 잡고 앉았다. 선생님께서는 펜을 들어 설전의 매화그림에 부동암향이월매(浮動暗香二月梅), 척서정상고인견(陟西亭上故人見)이라 화제(畵題)를 내려 주시고, 이어 정자의 주인공에 대한 설명을 시작하셨다.

다락의 주인은 여말에 부림 홍씨 휘(諱)가 노(魯), 자가 득지(得志), 호가 경재(敬齋)이며, 목은(牧隱) 이색은 경재의 글이 보통 사람과 다르다 문장중의 문장이라고 평하였으며, 공양왕3년 1391년 26세때 포은 정몽주의 추천으로 나이가 노숙한 사람이나 할 수 있는, 모든 벼슬의 출납을 관장하는 문화사인에 이르렀는데, 때의 세상 일이 돌아감을 보고 포은(圃隱)을 찾아가 사의를 표하니, 포은(圃隱)이 말하기를 "갈 길을 가는 사람이다. 득지(得志)가 득지(得志)했다."라고 하였다 한다, 이에 여기에 내려와 사는데, 그 다음해 사월에 포은(圃隱)이 죽었다는 소리를 듣고, 이제 나라도 망(亡)하고 사람도 죽고 나도 갈 때가 되었나 보다 생각하고, 얼마 있다 삼개월 후 칠월 십칠일 이성계가 등극 하는 날 아침, 재계하고 사당에 고(告)하고 아버님께 인사하고, 마당에 나와 개성을 향해 네 번 절하고, 방으로 들어가 지난밤 꿈에 나타난, "왕태조가 나타나 너 이제 올 때가 되지 않았느냐"는 꿈 애기를 하고 사시에 조용히 생을 마쳤다고 한다. 우리는 경재공의 시(詩)

歸田吟

秋入扶蘇木葉飛　　故園魚菜政甘肥
三年作客庭闈曠　　千里思親宦念微
辭陛今朝心眷眷　　歸田他日夢依依
宸居漸遠南還路　　行邁遲遲懶勸騑

를 목을 가다듬어 읊어 보고, 또 각자 시 한 수씩을 엮었다. 오늘 우리를 반갑게 맞이해 주신 홍연수, 연송, 재곤씨와 작별인사를 하고 내려오다, 여기까지 온 김에 군위 제이 석굴암에 들르자고 하여 사찰주변을 둘러보고 귀경길에 올랐다.

우인 경우수 씀

南下亭

남하정

24 青 韻

雲霧探登南下亭　　東風赤檻蒼然馨
翹鵑牆外遊人惑　　松竹門前來客醒
當日鳥鳴高士節　　今時廟頌孝孫婷
眉湖淸靜千年鏡　　洛水長波萬古熒

佳山 任奉熏

구름 안개속을 더듬어 오른 남하정인데
동풍에 붉은 난간이 옛스러운 향기더라
개나리 질달래는 담장 밖 사람을 유혹하고
송죽은 집앞에서 오는 손님 깨우쳐 주도다
그날 새가 운 것은 높은 선비의 절개요
오늘날 사당앞의 노래는 효손의 아름다움이로다.
미호의 맑고 고요함은 천년의 거울이니
낙동강 긴 물결에 만고의 빛남이로다.

昨夜雨過朝霧冥　　一車南走臨高亭

檻前岩下潺潺水　　楹後園中綠綠蓂

三代昔時忠節地　　七豪今日讚吟廳

賡音淸曲悠長裏　　流上江波萬世熒

西原 金容大

어젯밤 비 온 뒤라 아침안개 어두운데

한 수레 남쪽으로 달려 높은 정자에 임했도다

난간 앞 바위 밑은 잔잔한 물이요

기둥 뒤 동산가운덴 푸르고 푸른 명협이로다

삼대가 옛적엔 충절하던 땅이요

칠호가 금일 기려 읊는 마루로다

이어 부르는 맑은 가락 유장한 속에

흐르는 위 강 물결 따라 만세에 빛나리라

當到醴泉南下亭　　眉山湖畔煙霞屛
檻前脩竹千年節　　檐後蒼松萬古馨
栗里歸鄕從採菊　　驪輿密令圖回經
鳥鳴當日乾坤閉　　三代貞忠無二熒

瀛州 金榮基

예천에 있는 남하정에 당도하니
미산 호반에 안개가 둘렀구나
난간 앞 긴 대나무는 천년의 절개요
처마 뒤 푸른 솔은 만고의 향기로다
율리에 귀향함은 채국을 따름이요
여흥의 밀령은 바른길로 돌이킴이로다
새가 울던 그 날은 하늘 땅이 닫혔었고
삼대의 곧은 충성 둘도 없는 빛남이로다

南道櫻花窓外馨　　醴泉深谷蒼然亭
新生車路曲牆後　　古筆板書丹柱熒
栗隱淸風千世節　　眉湖潺浪萬年婷
賢臣當日鳴忠鳥　　一坐七豪賡唱玎

雪荃 任準臣

남쪽 길 벚꽃이 창밖에 향기로운데
예천 깊은 골에 옛스런 정자로다
새로 생긴 찻길에 굽은 담장이 뒤에 있고
옛날에 쓴 판글이 붉은 기둥에 빛나도다
율은공의 맑은 바람 천 세의 절개요
미호의 잔잔한 물결 만 년의 아름다움이로다
어진 신하 그 날에 충성을 울던 새인데
한 자리 칠호들이 이어부르는 노래 아름답구나

雨路南行醴邑經　　霧中古色一高亭
悠悠洛水檻前淨　　曲曲眉山檐後青
麗末大賢崇節義　　今時遠裔守名熒
夕陽霞彩染江岸　　過客臨樓探故馨

又仁 慶佑秀

빗길로 남행하여 예천을 지나니
안개 속 고색의 한 정자 높구나
낙수는 유유히 난간 앞에 흐르고
처마뒤 미산은 구불구불 푸르구나
여말 선현은 절의를 높혔고
금시 후예는 그 이름 지킴이 빛나는구나
석양의 노을은 강 언덕을 물들이는데
나그네 다락에 올라 옛 향기를 더듬어본다

雨後醴泉草色靑　　蒼然古閣黃紅庭
檻前洛水淸潺去　　牆外眉山蜿蚴屛
採菊北窓圖靖節　　廢王南面守綱經
貞忠代代綿綿裏　　今日賡歌萬世馨

安一堂 李元熙

비온 뒤 예천은 풀색이 푸르른데
오래된 옛 정자는 개나리 진달래 뜰이더라
난간 앞 낙동강 물은 맑고 잔잔히 흐르고
담장 밖 미산은 구불구불 둘렸도다
채국과 북창의 그림은 도연명을 생각함이요
폐왕이 임금에 오르는 것은 인륜을 지킴이로다
곧은 충성이 대대로 이어가는 속에
오늘에 이어 부르는 노래는 만세의 향기로다

雨後山川春草馨　　鄉村一榭竹林靑
楣中掛板多名句　　檐末淸風動鐵鈴
含意未成千古恨　　鳴忠飛鳥萬年熒
丹粧高廟侍三代　　江畔明堂南下亭

三又堂 張善淑

비온 뒤 산천엔 봄풀이 향기로운데
시골 마을에 한 다락이 죽림 속에 푸르구나
중방 가운데 걸린 글은 명구가 많고
처마 끝 맑은 바람은 풍경을 울리는구나
머금은 뜻 이루지 못한 것은 천고의 한이요
충하고 울며 날아간 새는 만년의 빛이로다
붉은 단장 높은 사당 삼대를 모셨는데
강 언덕 좋은 터엔 남하정 자리했네

남하정(南下亭)

때 : 4338(2005)년 4월 10일 일요일

곳 : 경상북도 예천군 보문면 미호리

밤새 내린 적지 않은 비는 그것도 모자라 이른 새벽 계속 내리고 있다. 집을 나서니 푸른 숲 남산골 허리에는 구름과 안개가 한 폭의 그림 같이 자욱하게 끼었고, 금새라도 한차례 쏟아 부을 듯이 어두컴컴하다. 2005년 4월 10일 연중전천후정일무결학술역사탐방(年中全天候定日無缺學術歷史探訪)이라 약속된 시간 장소인 사당을 가야한다. 공덕동에서 안일당, 삼우당, 예주선생을 만나 마포대교를 돌아 사당에 도착했고, 거기서 서원, 우인, 설전선생과 함께 평촌으로 갔다. 선생님을 모시고 8시 30분경 출발하여 영동고속도로로 진입하였다.

젖은 노면에 필마는 동으로 쾌주하고 달리는 양안(兩岸)에는 검푸른 초록색 짙은 숲과 안개를 시원하게 가른다. 높은 산은 습한 날씨에 운무로 가득 둘러싸여 구름 위로 달리는 것은 아닌지!! 드러낸 연봉이 아름다울 따름이다. 한 시간 남짓 걸려 찾은 곳은 충주휴게소이다. 이곳은 경기도 여주를 기점으로 충북 충주를 거쳐 경부고속도로 구미까지 이어지는 내륙고속국도 상에 위치한다. 시원하고 깔끔한 환경은 길나그네로 하여금 한번쯤 쉬어가게 하는 곳이다. 나도 이 길을 가끔 찾고 또 왕래하는 쉼터라 낯이 익어 더욱 친근감이 있는 곳이다. 따끈한 차 한잔에 향수를 나누고 곧 필마에 채찍을 하였다. 예천을 가기 위해서는 점촌출구를 이용해야

하고, 삼십분 정도 밖에 소요되지 않는다. 그러나 이 길이 뚫리지 않았던 지난날은 꼬부랑 산허리와 수없는 고개를 넘어야 했고 또 고인들의 서울 과거 나들이는 조령을 거쳐야 하는데 풍성한 이야기와 수일이란 일정이 필요했었다. 얼마 전까지만 해도 하루나들이 길이었으나 지금은 한시간 반이면 족하다. 출구까지 30분 거리에 터널이 무려 16개나 있으니 경관이야 무슨 말로 표하랴! 출구를 벗어나 시내로 들어서니 문경시청에 만개한 벚꽃이 화사(花奢)하여 눈을 멎게 한다. 곧 점촌시내를 벗어나 예천 길로 접어 들었다.

오늘은 조선개국을 저지하고 고려를 지키려하다 희생된 충신율은김저선생(忠臣栗隱金佇先生)의 남하정 역사탐방길이다. 관향은 김해인데 동승한 김종득선생은 율은공의 이십구세손이라고 소개하였다. 옆자리에 함께하여 이런 저런 이야기를 하였는데 고려충신이 살던 곳은 음식장사가 되지 않는다고 하였다. 아마 나라 생각하다 보면 취부(取富)의 길은 멀게 된다는 뜻이 아닐까하고 되짚어 보았다. 그리고 이 고장에는 삼천이란 말이 있는데 예천군 감천면 천향리를 이르는 말이라 한다. 가랑비 내리는 가운데 영호루라는 식당으로 안내되어 여장을 풀어 주차하고 남하정을 찾았다. 앞에는 내성천이 흐르고 이 강은 백오십여리 떨어진 봉화내성에서 발원한 낙동강 지류이다. 미호리라는 지명으로 봐서 내성천에 큰 물굽이 치는 호수가 있었지 않았을까 하고 느껴지기도 한다. 아름다운 고장이었다. 개발 바람이 이곳도 예외일 수 없으니 도로가 확장되고 보문교가 신설됨에 따라 정자정원은 축소되고 새로이 보수되고 있었다.

주변을 둘러보고 표절사로 향하였다. 충신이기에 기린다는 뜻에 앞서 우리는 조상을 존숭(尊崇)하는 동방백의민족이다. 세계사적인 우리의 문화유산을 귀히 간직하고 지키면서 역사를 바로 세우는 현명한 동이정신(東夷精神)이기에 당연하고 자연스러운 행동규범이리라! 1508년 중종이 율은의 충절을 기려 표절사를 짓게 하니 오늘날 훌륭한 후손들은 동재 선덕재, 서재 홍인재를 갖추고 귀감으로 보존하고 있으니 존경스러울 뿐이다.

율은공은 일찍이 재학덕(才學德)을 갖춘 충신으로 의(義)와 이(利)를 구별할 줄 아는 분이시고 여말명장 최영장군과는 생질 사이였으며 막강한 군부실력자 이성계와는 살신성인으로 대항한 불사이군의 충신이다. 팔도도통사 최영장군의 요동정벌은 우리 민족이 잃어버렸던 고토를 회복하려던 마지막 기회였음에도 권력에 눈이 멀어진 우군도통사 이성계의 위화도 회군이야 말로 오늘날 민족사에 비운으로 남겨지게 되었으니 안타까웁다. 전하는 바 율은은 여말삼은인 포은, 목은, 야은의 아호를 지어준 사제지간이라고도 한다. 아들 계절당(繼絶堂) 전(錪)도 자진했으며 그의 손자도 조선조에는 벼슬에 나아가지 않았으니 삼대 모두 고려의 충절을 지킨 분들이다. 예천과의 인연은 홍건적난으로 개경이 실각되자 왕은 이곳 예천·안동·상주로 몽진을 하게 되어 호종을 하게 되었다. 이때 어림성이 개축됨으로써 록을 갖게 되고 그 후 최영장군의 주검과 폐왕 우를 복위하려는 운동은 이색을 비롯 여러사람의 희생으로 막을 내리게 되었다 한다. 도연명처럼 은거하면서 북창도·채국도를 그려 놓고 채국동리하란 도잠의 시구처럼 여생을 보내려 했고 호도 율은이라 하였다 한다.

설전의 매화그림에 선생님께서는 하처유향동(何處幽香動), 율옹남하정(栗翁南下亭)이라 화제를 써주시니 우리들도 한 수씩 읊어보았다. 현장에서의 존경하는 중관선생님의 열띤 가르침은 우리에게 많은 여운을 남겨 주셨으며 특히 서원과 율은공의 종손인 김종득씨와의 현 시국에 대한 인간의 인권과 자유와 국가간에서 어느 것이 앞서야 하느냐에 대한 이론은 시간가는 줄 모르고 이어지는데 중관선생님의 중재로 끝이 났음에 기억으로 남는다. 가는 길이 천리이면 돌아오는 길은 더욱 멀어짐이니 해는 서산에 기울고 저물어 가는데 비가 그쳐서 다행한 일이다. 하늘의 도움이라 할까요? 늦은 저녁 평촌에서 마치니 시간은 밤 아홉시가 지난다.

서로들 안녕히 가십시오 하는 인사가 바빴던 하루의 결산이었다.

가산 임봉훈 씀

建溪亭

건계정

25 蒸 韻

水上虹橋煙景乘　　蒼然高閣江波縢
兩厓細柳流聲醉　　三字楣名鄕戀徵
宋末東來探樂土　　麗時南遯避奸朋
紫薇古木青松竹　　忠孝慕心千世承

佳山 任奉壎

물위 무지개 다리가 봄경치를 탔는데
옛스런 높은 집이 강물결에 둘려 있구나
두 언덕 버들은 흐르는 물 소리에 취해 있고
석자 현판 이름은 고향을 그리워하는 징후로다
송말에 동으로 온 것은 낙토를 더듬은 것이요
고려 때 남으로 숨음은 간사한 무리를 피함이로다
백일홍 고목에 푸르른 솔과 대나무니
충효를 사모하는 마음 천세를 이어갈 것이로다

春色娥林匹馬騰　怪岩松竹百花陵
深溪曲曲一亭特　長水潺潺兩岸嶒
先代歸來臣節守　後孫外亂武勳弘
檻頭書板昔儒樂　佳景七豪斜日憎

西原 金容大

봄빛의 거창을 필마로 달려가는데
기이한 바위 송죽 온갖 꽃의 언덕이로다
깊은 계곡 구비 구비 한 정자 우뚝하고
긴 물 잔잔히 양쪽 언덕이 높더라
선대엔 귀화해 신하 절개를 지켰고
후손은 외란에 무훈이 크구나
난간 머리 판글은 옛 선비들이 즐긴 것이요
아름다운 경치에 칠호는 기우는 해를 미워하더라

煙景山川匹馬騰　　娥林當到一亭弘
檻前綠水孱孱去　　檐後紅花灼灼矜
避亂東遷歸化祖　　侍王南扈封君塍
不忘故土慇懃裡　　二字鄉名楣號稱

瀛州 金榮基

봄경치 아름다운 산천을 필마로 달려
아림에 당도하니 한 정자가 크구나
난간 앞 푸른물은 잔잔히 흘러가고
처마 뒤 붉은 꽃은 활짝피어 자랑하는구나
난을 피해 동으로 옮겨서 귀화한 할아버지요
왕을 모시고 남쪽을 따라 군으로 봉한 땅이로다
고향땅을 잊지못한 은근한 속에
두 글자 고향이름 현판 달아 부르누나

紅綠山川一幅繒　　娥林高閣七豪騰
清風檻上詩軸動　　深谷水中櫻葉鬅
故國亂情投紱苦　　他鄉溫氣歸依憕
大廳朗朗賡吟裏　　檐外柳枝雙手興

雪荃 任準臣

붉고 푸른 산천은 한 폭의 비단 같은데
아림의 높은 집에 칠호가 올랐도다
맑은 바람 난간 위에 시축이 움직이고
깊은 계곡 물 가운데는 벚 꽃잎이 흩어지더라
고향나라 어지러움에 벼슬을 버렸던 괴로움이요
타향의 따뜻한 기운에 마음을 돌리는 편안함이로다
큰 마루에서 낭낭하게 시를 읊는 속에
처마 밖 버드나무 가지가 두 손을 벌려 일어서누나

春日七豪居烈騰　　深山幽谷古亭乘
檻前灘水流聲好　　檐後櫻花笑貌烝
扈駕樹勳封土積　　遯窩守節建門繩
不忘桑梓設高閣　　一座賡吟長短應

又仁 慶佑秀

봄날에 칠호들이 거열로 달려가서
심산 유곡의 옛다락에 올랐도다
난간 앞 여울물 흐르는 소리 좋고
처마 뒤 벚꽃은 활짝피어 웃는구나
임금을 호종하여 세운 공 지대하고
둔와공 지킨 절개가 문을 세워 이었네
고향을 잊지 않으려 높은 다락을 세웠는데
한자리 이어 부르는 노래 장단이 응하네

路柳垂枝春色增　娥林千里一車騰
樓前碧水悠悠去　檐後紅花苾苾矜
避亂東來封邑處　投官南遯守身陵
望鄕不忘建亭裏　萬世無窮忠孝承

安一堂 李元熙

길버들 드리운 가지엔 봄빛이 짙은데
아림 천리를 한 수레가 달렸도다
정자 앞 푸른 물은 유유히 흘러가고
처마 뒤 붉은 꽃은 향기를 자랑하누나
난리를 피해 동쪽으로 와서 봉읍한 곳이요
벼슬을 던져 남쪽으로 숨어 몸지킨 언덕이로다
고향을 바라보며 잊지 못해 정자를 세운 속에
만세토록 무궁히 충효를 이어가리라

三月櫻花滿發陵　　長川岸上一亭弘
虹橋靄靄檻前臥　　藍水悠悠楹下澄
宋亂東歸先祖度　　麗終南遯後孫承
楣名二字故鄕號　　戀戀首丘何不興

三又堂 張善淑

삼월 벚꽃이 만발한 언덕인데
긴 냇물 언덕위엔 한 정자 크구나
무지게 다리는 안개 속 난간 앞에 누워있고
쪽빛물은 유유히 기둥아래에서 맑구나
송나라가 어지러워 동으로 온 선조의 헤아림은
고려가 끝나니 남으로 숨은 후손이 받들었도다
정자이름 두 글자는 고향의 이름인데
그립고 그리운 고향생각 어찌 아니 일어나랴

건계정(建溪亭)

때 : 4338(2005)년 4월 17일 일요일

곳 : 경상남도 거창군 거창읍 상림리

산뜻한 바람결에 풋풋한 새싹 내음 개나리 진달래 벚꽃 내음이 차창으로 들어온다. 일년을 넘어 다니다보니 이젠 시간약속도 정확하다. 일곱 사람이 나서기가 쉽지 않으련만 이끄시는 선생님 큰힘 때문이리라. 거창을 향해 차는 달리고 우리는 마냥 즐겁다. 한동안 시끌시끌하다. 서로의 안부 그새 무슨 할말이 쌓였는지 어느새 평촌이다. 선생님을 모시고 또 다시 달린다. 슬그머니 또 다시 고문진보 강의다. 공부는 뭘 눈은 차창밖 흐드러진 꽃을 따르는데, 꽃구경에 정신이 없다. 그저 날씨 좋다는 말만 할 수밖에!

선생님 강의 테이프는 계속 돌아가고, 어머 저기 진달래 봐! 정말 예쁘네. 마음은 여지없이 소녀다. 어찌 이 나이가 되었을꼬? 어느새 천안쉼터다. 그냥 갈 수 없어 차 한잔에 감자도 곁들이고는 대전을 지나 29번길로 달려 지곡 나들목, 어찌 달렸든지 11시에 안의면에 들어섰다. 귀곡천을 넘어 건계천에 도착하니 구름다리가 운치를 더해주고 그 밑에는 맑은 벽수가 여태 다닌 정자중 가장 많이 흐르고 있었다. 건계정 위에 자리를 펴니 이곳이 무릉도원이 아니랴.

암반석, 벽수, 청풍, 청천, 백운, 이것외 또 무엇이 필요할까? 바로 앞 건흥산 자락엔 진달래가, 정자 양옆엔 배롱나무 두 그루, 꽃망울져 보태주고 정말 절경일세 모두들 감탄한다. 건계정은 정면 3

칸 측면 2칸이며 들보가 2개이며 기둥이 10개 아치모양으로 꽤 큰 정자다. 자! 자! 공부해야지 오늘따라 곱게 단장한 삼우당이 다소곳이 앉아 붓을 드니 칠보비녀로 틀어올린 탐스런 쪽이며 영락없는 황진이일세, 삼우당이 인물은 인물이다.

선생님께서 화제를 고선건계정(姑洗建溪亭) 매향취원객(梅香醉遠客)으로 주셔서 매화를 그렸다. 선생님 말씀이 건계정 주인은 장종행(章宗行)이며 중국인으로 선조가 송나라가 망하자 고려로 망명했고 그 아들인 장두민씨는 고려 공민왕때 홍건적 난리가 나자 왕을 호가한 공으로 아림군(娥林君)으로 봉해졌고 식읍지도 하사 받았다 한다. 손자인 장대장(章大莊)은 조선으로 정권이 바뀌자 벼슬을 버리고 이곳으로 내려와 옛날 조상이 살던 고향을 잊지 않으려 그곳의 이름인 건계정을 지었다한다.

우리들은 선생님께 들은 내용을 가지고 한 수씩 읊어보고 좋다 나쁘다 하면서 고쳐보며 공부를 마치고 멋지게 시창을 하고 아쉬움에 한바퀴 둘러보곤 거창 시내로 나와 일송이라는 흑태찜 전문집에서 모두들 난생 처음인 흑태찜을 맛나게 먹고 모처럼 나온 나들이 꽃구경하자고 하여 용추계곡으로 차를 돌려 가는데 장수사지(長水寺止)에 연암 박지원 정자를 신축한 것이 있었고, 물래방아가 돌아가는 것이 장관이었다. 군데군데 무리 지어 벚꽃이 피어있는 맑은 계곡을 둘러보고, 서둘러 우리는 서울로 향했다. 하루종일 원없이 꽃구경을 하고 많이 배우고 즐긴 보람 있는 하루였다.

설전 임준신 씀

採薇亭

채미정

26 尤 韻

奇絶高峯雲霧繆　　深溪橋畔一亭烋
古書楣號昔人倣　　草體柱聯今客妯
棄仕歸鄉忠節表　　得才加訓儒風優
金烏經誦千年鏡　　震域眼光新復搜

佳山 任奉壎

기묘한 높은 봉우리 구름안개에 감겼는데
깊은 계곡 다릿가에 한정자가 아름답도다
옛글씨체 현판이름 지난 사람 모방했고
초서체 주련은 나그네 마음을 아프게 하네
벼슬 버리고 고향에 돌아옴은 충절의 표시요
재주있는 이 가르쳐 선비의 길 넉넉해졌도다
금오에서 글 읽는 소리 천년의 거울이니
이땅의 밝은 눈들은 새로운 것을 찾아야한다

千里南行一小輀　　金烏山下古亭搜
正方瓦屋蒼然起　　能筆楣名隷體鋟
麗末大人歸遯址　　鮮時高士學研攸
登臨懷舊先賢跡　　今日眞儒何處留

西原 金容大

천리 남으로 달리는 한 대의 수레
금오산 아래 옛 정자 찾았구나
네모 반듯한 기와지붕 옛스럽게 서있고
잘 쓴 현판 이름 예서체로 새겼구나
고려말 대인이 돌아와 숨은 자리요
조선 초 높은 선비들 공부하던 곳이로다
정자에 올라 옛 어진이의 자취를 회고하니
오늘의 참선비들은 어느 곳에 있는고

梅夏綠陰南道搜　　金烏山下一亭休
楣名三字指高節　　市號二言希大蛑
故土歸來書塾闢　　新生經學士林鞣
登臨往事追懷裏　　溪水松風洗客愁

瀛州 金榮基

4월 녹음에 남쪽 길을 찾으니
금오산 아래 한 정자 아름답구나
현판 이름 석 자 고절을 가리키고
시 이름 두 마디 말은 큰 거북을 바람이로다
고향 땅에 돌아와 글방을 열어놓고
젊은이에게 경학을 가르쳐 사림이 많았도다
정자에 올라 지난 일을 회상하는 속에
시냇물과 솔바람은 객의 수심을 씻어주는구나

青綠深林緩步趙　　金烏山谷鳥聲烋
石橋牆內古亭雅　　木板楣中新筆浮
京洛華官春夢反　　鄕村僻地夏畦修
昔時大德在何處　　遠客醉吟花雨酬

雪荃 任準臣

청록의 깊은숲 천천히 달려가니
금오산 골짜기 새소리 아름답구나
돌다리 담장안에 옛정자 아름답고
현판에는 새로운 붓글씨 들떠있구나
서울 높은 벼슬 봄꿈으로 돌리고
시골 궁벽한 곳 여름 밭에서 닦는도다
옛날 높은 분 어느 곳에 있는고
나그네 취해 읊으니 꽃비가 대답하는구나

乾月山川新綠尤　七豪當到金烏丘
奇巖深谷繞雲霧　淸水大湖潛鼇虯
槐木千年奬學德　石橋十尺守儒疇
蘭香隱隱來何處　檻上長吟忘世憂

又仁 慶佑秀

음 사월 산천은 신록이 더해 가는데
동천 칠호 금오산에 이르렀도다
기암 깊은 계곡은 운무에 에워싸이고
맑은 물 큰 호수에는 자라와 이무기가 잠겨있네
괴목 천년에 학덕을 키웠고
십척 돌다리는 선비의 무리를 지켰구나
은은한 난초향기 어디서 불어오는가
난간 위에서 길게 읊음에 세상 근심을 잊는구나

蛇月山林靑綠尤　七豪探訪金烏丘
公園深谷古亭址　雲霧高峰新削頭
解紱歸鄕成道處　得們垂訓敎儒區
往年士話追懷裏　檻後風聲可否咻

安一堂 李元熙

사월달 산림은 푸름을 더해가는데
칠호가 탐방한 금오산 언덕이로다
공원 깊은 골짜기는 옛 정자 터요
운무 속 높은 봉우리는 새 중의 머리로다
벼슬을 버리고 귀향해 도를 이룬 곳이요
무리를 얻어 가르쳐 유학을 퍼트린 구역이로다
지난 해 선비 이야기를 추회하는 속에
난간 뒤 바람소리 옳다 그르다 시끄럽구나

乾月金烏山谷搜　　綠陰濃裏一亭庋
千年大柱名言掛　　四角噲正過客嘎
麗末節人歸故土　　鮮初儒學發呱趙
回來往事多非是　　縱貫史觀先急求

三叉堂 張善淑

사월 금오산 골짜기를 더듬으니
녹음 짙은 속에 한 정자 숨어있구나
천년된 굵은 기둥엔 좋은 말들이 걸려있고
네모난 시원한 마루엔 지나는 나그네 탄식이로다
여말 절개 있는 사람 고향으로 돌아왔고
조선초기의 유학이 처음으로 시작 되었네
지난 일을 돌아보면 시비가 많은데
종적인 사관을 먼저 급히 세워야 되겠다

채미정(採薇亭)

때 : 4338(2005)년 5월 7일 토요일

곳 : 경상북도 구미시 남통동

오늘은 승합차 사정으로 우인과 삼우당 자가용 2대로 가기로 했다. 사당동에 도착하여 우인 차에는 가산, 설전, 서원이 타고, 삼우당 차에는 안일당과 예주가 타고 선생님을 모시러 먼저 출발했다.

의왕에서 선생님을 모시고 경부고속도로 죽암휴게소에서 만나 같이 가기로 했다. 울긋불긋하던 진달래와 개나리는 벌써 자취를 감추었다. 금오산 도립공원에 도착하니 12시가 넘었다. 공원근처 식당에서 점심을 먹고 정자를 향해 올라갔다. 공원에 있는 도선굴은 야은선생이 수도한 곳이라 한다. 또한 대혜폭포는 산 중턱에 위치한 거대한 폭포로 장관을 이루고 있고 아래 평지에는 금오지의 유선장도 매우 시원하게 보여 배를 타고 싶은 마음의 충동을 느꼈다.

채미정은 야은 길재(1353~1419) 충렬공의 학문을 추모하기 위하여 영조44년(1768)에 건립하였다. 길재는 고려시대 문과 급제하고 성균관 박사를 거쳐 문하주서에 올랐다. 고려가 망하고 조선왕조가 서면서 두 왕조를 섬길 수 없다 하여 벼슬을 사양하고 선산에 은거하면서 절의를 지켰다. 채미는 옛날 충신 백이숙제를 비유하여 이름한 것이다. 채미정은 홍기문을 지나 우측에 있는 정면 3칸 측면 3칸 규모의 팔작지붕이다. 그 뒤편에 길재의 충절을 기린 숙종의 어필과 영정이 있는 경모각과 유허비각이 있다.

御筆 左司諫 吉再 어필 좌사간 길재

歸臥烏山下　　고향에 돌아와 금오산 아래 누우니
清風比子陵　　청풍은 엄자릉에 비하겠고
聖主成其美　　성주께서 그 아름다움 이루어 주니
勸人節義興　　절의를 일으켜 후인을 권하고 있도다

숙종때 신원(伸寃)이 되었다. 길재의 제자로는 김숙자 등을 배출했고 김종직은 김숙자의 아들이다. 김종직의 제자는 김굉필, 정여창 등이며 김굉필 제자는 조광조로 이어진다. 묘는 금오산 남쪽아래 오태동에 있다. 설전의 난초그림에 선생님 화제 '건월난향하처동(乾月蘭香何處動, 4월 난초 향기는 어느 곳에서 오는고), 금오산하채미정(金烏山下採薇亭, 금오산 아래 채미정이로다)'으로 시들을 엮어 시축을 쓰고 시창을 하고나니 솔바람이 불어온다. 금오산은 평지 돌출형으로 산세가 가파르고 기암절벽과 수림이 잘 어우러진 산으로 마애보살과 대혜폭포 도선굴 등 자연경관이 빼어나며, 고려때는 남숭산, 조선시대에는 '금오산', '와불산' 또는 '거인산'이라 했다. 다 둘러보고 3시가 넘어서 출발하여 서울 의왕 '천둥소리' 식당에서 저녁식사를 하고 우리 동천칠호는 흐뭇한 얼굴로 헤어졌다.

예주 김영기 씀

避世亭

피세정

27 侵 韻

鶴嶺松坪匹馬臨　　文光山麓古亭欽
楣名避世赫名筆　　守節採薇懸節吟
不仕潔身終進士　　唯胸決意訓靑衿
七豪賡唱纖聲裏　　白鳥頡頏如有心

佳山 任奉熏

두루미 고개 송평들에 필마로 임하니
문광의 산기슭에 옛 정자가 공경스럽도다
현판 이름은 피세라 명필로 빛이 나고
절개 지켜 고사리 캔다는 절개의 노래가 달려있도다
벼슬 아니한 깨끗한 몸 진사에 그쳤고
오직 가슴에 다진 것은 학생 가르치는 것이로다
칠호의 돌림노래 곱게 이어 부르는 속에
흰새 오르내리는 것이 무슨 마음이 있는 것 같구나

初夏一車槐邑臨　　松坪田野滿耕音

普川白白水晶碧　　鶴嶺靑靑雲霧黔

五馬山亭先祖節　　七忠祭閣後孫忱

江河玉土不知易　　高矢聖人何處尋

西原 金容大

초여름 한 수레로 괴산 고을에 임하니

송평마을 밭과 들에는 밭가는 소리 가득하구나

보광천 깨끗하고 깨끗한 물은 수정같이 푸르고

학령은 푸르고 푸른 구름 안개 덮였구나

오마산 정자는 선조의 절개요

칠충 제각은 후손의 정성이로다

강하 옥토를 다스림을 알지 못하니

고시 성인을 어느 곳에서 찾을고

仲呂山川濃綠陰　　槐州五馬山亭尋
檻前翠葉淸風舞　　楣上白書高潔欽
隱遯終身投紱志　　得才楚撻育英心
讚聲一坐惜酬唱　　何處慇懃頏頡琴

瀛州 金榮基

사월달 산천은 녹음이 짙은데
괴주 오마산 정자를 찾았도다
난간 앞 푸른잎은 청풍에 춤을 추고
현판의 흰 글씨는 고결함을 흠모 하는구나
운둔해 종신토록 벼슬 뜻을 버렸고
재주꾼 얻어 회초리로 인재를 키울 마음이었도다
한자리에 앉아 기리는 노래에 답이 없더니
어디선가 은근히 들려오는 거문고 소리로다

鶴嶺槐州靑馥苓　　鄕村谷谷霧中愔

山名五馬蹲蟠坐　　亭號三言遠遯絍

淸士無官高守節　　才童有意大彈琴

檻前花木飛香裏　　賡唱七豪聲又忱

雪荃 任準臣

학령 넘어 괴산이 푸른 향기 무성한데

시골마을 골짜기 안개 속에 조용하다

산 이름 오마는 꿇어앉아 서린 자리요

정자이름 석자는 멀리 숨은 것을 짜낸 말이로다

깨끗한 선비 벼슬 없이 지킨 절개요

재주 있는 아이 뜻이 있어 크게 타는 거문고다

난간 앞 꽃나무 나는 향기 속에

이어 부르는 일곱 사람 소리 또한 정성스럽다

砥路南行槐邑臨　　村中高阜一亭愔
檻頭山色青青絹　　棟下川光耿耿琳
避世先翁傾敎化　　守鄕後裔承家琛
七豪圓坐追懷裏　　老杏胸開傳舊音

又仁 慶佑秀

고속도로 남으로 달려 괴읍에 이르르니
마을 높은 언덕에 한 정자 조용하구나
난간머리 오마산 산빛은 푸른 비단이요
기둥 아래 보광천은 빛나는 보배로다
세상을 피한 노옹은 교화에 힘썼고
고을 지킨 후예는 집안 보배를 이었도다
칠호들 둘러앉아 옛일을 생각하는 속에
늙은 은행나무 가슴 열고 옛 소리를 전하네

五馬山中邃綠陰　　一亭古色繞松林
柱聯二句周人倣　　楣板三言高士欽
僻處落鄉忘世事　　隨時登檻樂詩吟
淸風微手搖檐鐸　　從政諸家大覺箴

安一堂 李元熙

오마산 속은 녹음이 깊숙한데
한 정자 오래인 듯 솔숲에 둘려있네
주련에 두 글귀 주나라 사람을 모방했고
미판에 세 글자는 높은 선비를 우러르네
궁벽한곳 내려옴은 세사를 잊기 위함이요
때때로 오른 난간 시 읊기를 즐김이로다
맑은 바람 작은 손으로 풍경을 흔드니
정치하는 여러 사람들 크게 깨닫도록 경계하네

南走一車槐邑臨　　松坪山野濃靑陰
普川波上口碑衆　　光德里中亭閣琳
避世楣名麗末節　　忠臣廟宇鮮時忱
依欄望遠天邊北　　一縷淸風白鶴音

三又堂 張善淑

남으로 달린 한 수레 괴읍에 임하니
송평의 산과 들 짙은 푸른 그늘이더라
보천 물결 위에는 전하는 이야기 많고
광덕리 가운데에는 정각이 보배롭도다
피세란 정자 이름 여말의 절개요
충신 사당집은 조선조의 정성이로다
난간에 의지해 멀리 바라보는 하늘가 북쪽인데
한 줄기 맑은 바람에 흰 학이 울고 가네

피세정(避世亭)

때 : 4338(2005)년 5월 14일 토요일

곳 : 충청북도 괴산군 문광면 광덕리

단기 4338년 을유년 음력 사월 칠일 초파일 전날인 양력 5월 14일이다. 오늘은 문벌 순창조씨 9세 피세옹 신(紳)이 세웠다는 피세정 역사의 현장을 찾았다. 마침 내일은 사월초파일이라 매회 가는 곳이 있는데, 경북 문경시 월악산 동남쪽에 있는 천주사(天柱寺)이다. 아내의 바램이라 동행을 하게 되어 나의 애마(愛馬)와 삼우당 그리고 우인 모두 세 필의 차량이 움직이게 되었다. 우인과 삼우당은 평촌에서 선생님을 모시기로 하고 나는 중구 남산타운아파트를 출발, 한남대교를 건너 경부고속도로에 들어가니 아홉시가 지났다. 입하(立夏)가 지난 지 열흘이 되니 매우 후덥지근하나 개량한복은 시원했다. 연한 녹색새싹들은 계절의 순리에 따라 짙은 녹색 옷으로 갈아입고 있었고 개나리꽃은 푸른 몸통만으로 뽐내고 늦게 핀 진달래꽃만이 간혹 보일 뿐이다.

어렸던 시절로 돌아가 회상해 보니 진달래 꽃잎을 따서 전을 부쳐먹던 화전놀이로 온 동네가 떠들썩했고 곧 닥쳐오는 단오절은 씨름판과 그네뛰기 창포로 우려낸 물로 머리도 감고 몸을 씻어 나른한 봄날의 건망증과 처녀들의 번민을 덜어 주었다. 멋지 않은 세월이 야속하고 다시 돌아올 수는 없을까? 즐거웠던 유년시절 시골살이가 주마등처럼 스쳐간다.

칭하여 주마간산이던가! 인천채씨(仁川蔡氏) 봉매(鳳妹)씨는 친구이자 아내로 자리를 같이하여 영광이었으나 처음 뵙는 선생님과 칠호들께 인사하기가 쑥스럽다고 하였다. 이유는 백발이랍니다. 곱게 늙은 흰 얼굴에 백발은 천생연분이 아닐까요. 풍월주인 칠호귀객님들 너그러히 봐주세요. 산도 아름답고 맑은 하늘 들판도 편안합니다. 쭉 뻗은 길을 달리다 보니 우리들 만남의 쉼터 충주휴게소가 기다리고 있었습니다. 잘 다듬어져서 한번쯤 쉬어 가고 싶은 곳이지요. 뒤따라 반가운 분들도 도착하였다. 아내를 소개시켰는데 선생님께서 과분한 칭찬으로 "남편분 내조를 참 잘하셨습니다."라는 말씀 감사하였으리라고 믿습니다. 따끈한 한 잔의 차향기는 시상(詩想)으로 이어질 것이니 선비들은 바쁜 마음으로 채찍하며 수안보 출구를 벗어났다. 펼쳐지는 산야와 간천(澗泉)들은 모두가 그림이 되어 시야를 스친다. 11시경 괴산군 문광면 소재 오마산(五馬山) 동쪽 기슭에 앉은 피세정을 찾게 되었다. 얼룩말 세필을 세워두고 가파른 산중턱에 있는 정자를 오르려니 된 숨소리가 여기저기서 들린다. 오늘날 같은 혼탁한 세상이기에 바로 잡혀야 할 역사탐방이라 칠호들은 사명감에서일까, 되려 용기가 솟구치는 것을 느낄 수 있었다.

편안하게 자리한 산기슭에는 푸른 소나무와 잡목이 울타리를 만들고 빽빽하게 뭉쳐져 핀 층층이 백화수가 화사하다 못해 질투가 나게 한다. 열 개의 붉은 기둥에 피세정이란 현판과 주련(柱聯)에 월종동해문고의(月從東海問高儀), 춘입서산심고적(春入西山尋古跡)이 눈에 뜨인다. 피세정청풍(避世亭淸風), 천년전혜복(千年前惠馥)이라고 선생님께서 내려주신 화제에 따라 설전의 시원스런 난초화는 난정첩 서문과 비기리라! 선생님께서 필자의 작시 촉석루를 읊도록 배려하신 것을 본 아내는 그날 이후부터 더욱 보탬이 되었다는 것을 글로써 적습니다. 그리고 피세정에 얽힌 역사적 고찰과 오늘날의 세태를 두고 열띤 토론으로 공부를 하였다. 고려초 순창의 호장벼슬에 올랐던 조자장(趙子長)이 시조이고 그후 오세(五世)부터 구세

(九世)까지 국가의 안위를 걱정한 벼슬들이 검교위대장군문하시랑평장좌우위대호군예문관대제학개성부윤상호군예의(檢校尉大將軍門下侍郎平章左右衛大護軍禮文館大提學開城府尹上護軍禮義) 및 판도판서(版圖判書) 등 화려하다. 구세(九世) 피세옹(避世翁) 휘(諱)는 신(紳)이고, 고려가 망국으로 치닫자 세거지인 송평으로 낙향하여 백이숙제를 흠모하고, 불사이군지충(不事二君之忠)과 부정지조(不正之朝)엔 불사지절조(不事之節操)를 지켰고, 신사시호국(辰祀時護國)의 얼이 서린 곳이기도 하다. 오마산 피세정은 정신문화교육의 장으로 조문(趙門)만의 것이 아니고 괴산의 명소이며 문광향토(文光鄕土)의 자랑이리라. 피세옹은 수려한 학령산과 보광천 그리고 송평평야(松坪平野)를 껴안고 후학들을 키웠다한다. 후세인들에게는 큰 귀감이 되었으리라고 믿습니다. 오늘 우리들 칠호는 동풍이 전하는 향기를 들이키며 존경하는 중관선생님의 지도아래 많은 것을 체험하고 공부를 하였다. 숲속의 장란(長欄)에서 율창(律唱)하는 소리에 적막을 깨뜨리니 이 나라 역사를 바로 세우기 위한 칠호의 간절한 메아리가 되리라.

늦은 점심은 푸짐했고, 특히 이 고장 초정리에서만 생산되는 천연음료수가 잊을 수 없는 일품이었다.

가산 임봉훈 씀

舞雩亭

무우정

28 覃 韻

千里走行沙伐南　　絶崖巖上舞雩甘
檻前壁下長江睡　　檐後岸頭層石嶙
獨立老松多義節　　十擎赤柱名門馣
白洲鳴鶴靑蔭隱　　何處和聲一曲韽

佳山 任奉熏

천리를 달려 남쪽 사벌땅에 가니
가파른 벼랑 바위 위에 무우정이 아름답도다
난간 앞 절벽 아래 큰 강물이 졸고 있고
처마 뒤 언덕머리에 층바위가 울퉁불퉁하도다
홀로 서 있는 노송은 다의당의 절개요
열개의 떠받든 붉은 기둥은 명문집 향기로다
모래톱에 우는 두루미 푸른 숲 그늘에 숨었으니
어느 곳에서 화답하는 소리 한 가락 은은하구나

沙伐擎臺緩步覃　　綠陰濃裏舞雩修
千年老樹松風起　　萬里長江煙霧淡
昔日儒賢憂國處　　近時騷客律聲庵
山河佳景又神秘　　紙上筆春惟咽喑

西原　金容大

사벌 경천대를 천천히 걸어 당도하니
녹음이 짙은 속에 무우정이 좋더라
천년 늙은나무 솔바람이 일고
만리 긴 강에 안개가 아름답구나
옛날 어진 선비 나라를 근심하던 곳이요
근래엔 시인이 시를 읊는 집이로다
산하 아름다운 경치가 또 신비로운데
종이 위 붓방아로 삼키는 흐느낌이로다

古邑尙州停走驛　　擎天臺上舞雩修

檻前百尺松枝老　　楹下千尋洛水淡

先祖詠歸追慕處　　後孫報本誠忠庵

登臨七客賡吟裏　　巖畔白花尤妙馣

瀛州 金榮基

옛 고을 상주에 달리던 말을 멈추니
경천대 위에 무우정이 아름답구나
난간 앞 백 척의 솔가지는 늙었고
기둥 밑 천 길되는 낙동강물 맑도다
선조의 영귀정은 추모하는 곳이요
후손이 근본에 보답하는 정성스런 집이로다
다락에 오른 일곱 나그네 노래 부르는 속에
바위 언덕 백화는 더욱 묘한 향기로다

疾走車窓朝日傪　　畓田百里靑苗甘

洛江當到擎臺聳　　古閣登臨高士諳

十尺檻頭流律曲　　千尋壁下停淸潭

往來客客無心耳　　何在傾聽多義談

雪荃 任準臣

달리는 차창에 아침해가 좋은데

논밭 백리에 푸른 모가 아름답구나

낙강에 당도하니 경천대가 솟아있고

옛 정자 올라오니 높은 선비 생각나도다

열 자 난간머리에선 율곡이 흐르고

천길 절벽 밑에는 맑은 담이 고여있도다

오고가는 나그네들 무심한 귀들인데

다의당 말씀을 귀기울여 들을 이 어디에 있는고

乾月尙州靑綠函　擎天園內一亭修
楣中書板舞仙女　壁下流江馳快男
先祖杜門傳義節　後孫開礎從高談
檻前松老守千歲　七傑淸歌飛上堪

又仁 慶佑秀

음사월 상주는 청록에 휩싸이고
경천대 원내에는 한 정자가 아름답구나
중방 가운데 서판은 선녀가 춤을 추고
절벽 아래 흐르는 강은 쾌남이 달리는 것같도다
선조는 문을 걸고 절의를 전하고
후손은 초석을 놓아 높은 뜻을 따랐도다
난간 앞 소나무 늙어 천년을 견디었고
일곱 사람 맑은 노래는 하늘로 나는구나

巳月綠陰迭走南　尙州古邑擎臺探
洛江曲水七豪迓　岩畔老松一鶴耽
高閣噲正淸調動　飛檐鈴語微風酣
檻頭詩軸雪荃筆　纖手往來飛蕙馣

安一堂 李元熙

사월달 녹음 속에 남쪽으로 달리는데
상주 옛 고을 경천대를 찾았도다
낙동강 굽은 물이 칠호를 맞아주고
바위언덕 노송 위에는 한 마리 학이 즐기는구나
높은 정자 시원한 마루 맑은 가락이 울리고
나는 듯한 처마 풍경소리 미풍에 취했도다
난간머리 시축은 설전이 붓을 잡고
하얀 손 오고가니 난초의 향기로구나

千里洛江曲曲淡　　擎天臺岸蒼林醃
舞雩楣號高亭一　　冠者詠歸童子三
多義堂孫崇祖節　　無心衆客樂風喑
七豪今日登臨後　　麗末靑衿萬古男

三叉堂 張善淑

천리 낙동강은 굽이굽이 맑은데
경천대 언덕은 푸른 숲의 향기로다
무우라는 이름의 높은 정자 하나요
관자가 읊으며 돌아오니 동자는 셋이로다
다의당의 손자들은 할아버지 절개를 높였고
무심한 뭇사람들은 바람소리만을 즐기는구나
동천 칠호들 오늘 정자에 오른 뒤로
여말의 선비들은 만고의 대장부가 되어가네

무우정(舞雩亭)

때 : 4338(2005)년 5월 29일 일요일

곳 : 경상북도 상주시 사벌면 삼덕리

흐르는 물을 막을 수 없듯이 우리 문화의 변천 또한 어쩔 수 없는 현상이리라. 그렇게 기왕에 변할 것이라면 우리의 희망과 기대는 없겠는가, 물론 이상과 현실이라는 사이에서 어쩔 수 없이 불가피한 사정도 있겠지만, 지금 우리는 홍수같이 밀려 들어오는 외국문물의 범람 속에서 아름답고 멋있는 우리 문화를 찾아 보기 어려운 지경에 이르르고 있다. 무제한의 경쟁 속에서 급변하는 사회 현상이 우리를 마냥 한가롭게 내버려두지 만도 않지만 그러나 그렇지 않은 사람들도 그냥 덩달아서 같이 휩싸이기도 하고, 지도층과 각종 매체들은 앞장서서 부화뇌동 함이 또한 없지 않다.

여기 우리 한 가락은 지금으로부터 15년전, 중관 최권홍 선생님 지도 아래 매주 목요일 모여 삼국유사, 화해사전, 환단고기 등 우리 고전 및 역사를 공부하고, 한 달에 한 번씩 우리 선조들 중 올곧고 바르게 사시다간 분들의 유적을 찾아다니며 공부하고, 시조도 짓고 책으로 엮어 펴내기도 하였는데, 지난해부터 한시에 뜻이 있는 일부 회원들이 따로 모여 한시공부를 시작했다.

오늘은 그 28번째 운(韻) 담(覃)자를 가지고 상주에 있는 무우정을 찾아가는 날이다. 시(詩)를 짓는 일은 물론 쉬운 일은 아니나 무조건 어렵다고 멀리하고 가까이 하지 않는다면 무엇을 얻겠는가, 우리도 맨 처음 한시를 시작할 때 운(韻)이 어떻고 평측(平仄)이

어떻고 염(簾)과 대(對), 학슬(鶴膝)과 봉요(蜂腰) 등이 어떻다고 들을 때는 막연(漠然) 했는데 차츰 대하다 보니까 시(詩)를 짓는 의미를 조금씩 느끼는 것 같다.

일요일 아침 2호선 전철안은 비교적 한산하다. 제가끔 여유롭게 제 볼일을 보러가는 모습이다. 약속 시간인 8시가 채 안돼서 도착했는데도 우리 회원들은 이미 다들 도착해 있다. 내가 도착하고 우리가 타고 갈 봉고는 바로 출발하여 평촌에서 선생님을 모시고 오늘의 목적지 상주로 향했다. 고속도로 사정은 비교적 원활하다. 엷은 안개가 낮게 드리워져 있고, 산과 들의 나무들은 잎새가 더욱 푸르러지고 있다. 차는 어느새 영동고속도로로 들어서고, 여주 들판 물논에는 갓 심은 벼들이 파릇파릇 자라고 있다. 옛날 같으면 이맘때 쯤 모를 내느라 엄청 바빴을 터인데, 요즈음은 기계화 영농으로 줄을 대고 모심기 하는 모습은 보기조차 어렵게 되었다.

영동 고속도로에서 중부내륙고속도로로 들어섰을 때, 오늘 참여치 못한 삼우당으로부터 연락이 왔다. 어느 휘호(揮毫)대회에 참여하여 심사를 하기로 했었는데, 사정이 바뀌어서 뒤따라오겠다는 것이다. 새로 난 중부내륙고속도로는 친환경적으로 건설되어 곳곳에 굴을 뚫어 짐승들의 이동을 용이하도록 배려한 흔적이 역력하다. 우리는 중부 휴게소에서 잠시 쉬었다 출발했다. 차는 조령산을 치켜다 보며 지나 문경을 거치고 얼마 안 있어 점촌 함창 나들목으로 나왔다. 나들목 안내원의 말대로 오른쪽으로 돌아가다 오거리에서 좌측으로 돌아, 얼마만큼 가니 경천대 안내판이 보이고, 거기서 얼마 가지 않아 고개 넘어 경천대가 보인다. 오늘 우리가 찾는 무우정(舞雩亭)은 경천대(擎天臺) 안에 있다. 우리는 공원 내 인공폭포 못 미친 곳에서 타고 가던 차를 내리고 우리가 타고 온 차는 상주로 삼우당을 마중하러 갔다.

우리는 5월의 따스한 햇살을 맞으며 숲길을 거쳐 무우정(舞雩亭)

으로 향했다. 원내에는 토요일 오후를 맞아 나들이 나온 가족들의 모습이 군데군데 보인다. 경천대는 처음 하늘이 만들었다 하여 자천대라 하다가 하늘을 떠받든다는 뜻으로 경천대라 불린다고 한다. 깎아지른 듯한 기암절벽, 울창한 숲, 말구유, 경천대비가 있으며, 멀리 강건너 모래사장, 잘 정돈된 논과 밭 그리고 그 뒤에 덕암산이 병풍처럼 둘러쳐져 있으며, 굽이쳐 흐르는 물은 낙동강 1,300리 중 경관이 가장 아름다운 곳이라 한다. 우리는 주위를 돌아보고 다락에 올라 자리에 앉았다. 이윽고 설전은 종이를 펴고 난을 치기 시작하였다. 금새 하얀 종이는 바위가 되고 난이 되고, 그야말로 그림 속에 그림이 그려지고 있다. 선생님께서는 잠시 생각에 잠기시더니 난혜청향천리동 낙강벽상무우정(蘭蕙淸香千里動 洛江壁上舞雩亭)이라 화제(畫題)를 정하셨다.

무우정은 우담 채득기공이 세속에 물들지 않고, 할아버지를 생각하며 살겠다는 뜻으로 세운 정자이며, 우담공의 8대조 다의당(多義堂)은 여기서부터 30리 떨어진 곳에, 영귀정(詠歸亭)이라는 정자를 세웠으나, 지금은 터만 남아 있는데, 다의당(多義堂)은 어려서부터 기품(氣稟)과 효도(孝道), 우애(友愛)가 돈독(敦篤)했고, 학문(學文)과 기예(技藝)가 뛰어나고 경전을 강독하고, 도의를 닦고 학문을 함에 의를 나타내어, 벼슬이 호조전서에 이르렀는데 포은(圃隱)이 순국(殉國)하자 크게 놀라 녹(祿)을 버리고 물러나, 맏이에게는 남쪽 고향으로 내려가 조상을 받들게 하고, 둘째에게는 평양으로 가서 가문(家門)을 지키라 하고 셋째와 넷째는 공(公)을 따르게 하여, 황해도 평산 목단산(牧丹山)에 살게 되었는데, 때에 목단산(牧丹山)에 은자삼현(隱者三賢)이 있어 서쪽에는 탁영대(濯纓垈)니 이목은이 머무는 곳이요, 동쪽 배록동(背祿洞)에는 신현의 조카 신황의옹이 숨은 곳이요, 가운데에는 공이 머문 곳인데, 이곳에 의로운 사람이 많이 모여 살아 붙여진 이름이라 한다.

우리는 다의당과 영귀정 그리고 무우정에 대한 이야기를 듣고 시상에 젖어 보았으나 좀체로 얼른 시상이 떠오르지 않는다. 웅얼웅얼 다들 그런대로 읽었나보다. 둘러앉아 읊어보니 아아, 정말 무우정 시답구나. 천하제일의 낙동강 경치에 어찌 좋은 시가 아니 나올소냐. 흐뭇한 표정들이었다. 이내 점심시간이 되고 우리는 원내 경천대식당으로 자리를 옮겨 식당 주인이 솜씨를 낸 오리구이와 아구찜으로 맛있는 점심을 먹으며 시첩과 출판에 대한 이야기를 나눴다. 그런데 식사 도중 반주로 나온 술을 차를 몰고 온 삼우당이 한잔하는 바람에 서울로 오는 차는 내가 운전하게 되었다.

우인 경우수 씀

良苽洞亭

양과동정

29 鹽 韻

初夏武珍匹馬詹　　良茋洞岸一亭恬

老松靑竹四圍繞　　長柱赤欄千載譫

卜築三韓書社用　　夜遊雙月雲杯潛

七豪賡唱慇懃裏　　昔老風流今日猒

佳山 任奉爋

초여름 광주에 필마로 이르르니

양과마을 언덕에 한 정자가 아름답구나

노송과 푸른 대나무로 사방이 에워싸였고

긴 기둥과 붉은 난간은 천년을 속삭이도다

터잡아 지은 삼한 때는 서사지로 썼고

밤에 오르니 두 달이 구름과 술잔에 잠기도다

칠호의 돌림노래 은근한 속에

옛사람의 풍류가 오늘에도 넉넉하구나

南走一車加策擣　　武珍廣野移秧僉

良苽洞後樹林美　　里口塢中高閣恬

太古遺風鄕會處　　近來言客官投銛

四圍不淨疵瑕苦　　京邑治心何事潛

西原 金容大

남으로 달리는 한 수레 채찍을 더해 찾아가니

무진 넓은 들 모내기가 끝났구나

양과동 뒤 나무숲이 아름답고

동네 입구 언덕가운데 정자가 좋도다

먼 옛날 남은 풍습 마을 회의하던 곳이요

근래엔 말 잘하는 사람들 관을 나무래는 곳이다

사방이 더러움으로 둘러 쌓여 흠있어 괴로운데

서울 다스리는 사람들 무슨 일에 잠겼는가

南道加鞭瑞石詹　　良苽洞口一亭巖

檻前陛下苗田美　　楠後林中松籟嚴

定礎三韓鄕會用　　楣名四字學堂兼

七豪賡唱無雙律　　斜日三裳紅繡添

濊州 金榮基

남도로 채찍을 가해 서석에 이르르니

양과동구에 한 정자 높구나

난간 앞 계단아래 벼심은 논 아름답고

처마 뒤 숲속에는 솔바람이 시원하도다

정초한 삼한 때는 마을회의로 쓴 곳이요

현판 이름 넉자는 학당을 겸했도다

칠호가 이어부른 노래는 둘도 없는 율인데

석양이 세 치마에 수놓은 붉은빛 더하는구나

穀雨南行黃野蕲　良苽洞塢一亭瞻
高樓長桷多傷老　兩檻噲正施席摻
先代築形模髆栱　後人承襲奉崇嚴
昔時村議諠言處　今日詩聲飛上檐

雪荃 任準臣

곡우에 남쪽으로 가니 누런 보리가 팼는데
양과동 언덕에 한 정자 보이는구나
높은 정자 긴 서까래가 많은 상처로 늙었고
양쪽 난간 시원한 마루 돗자리 편 것이 좋도다
선대에 지은 모습 맞배지붕을 본떴고
후인들이 높고 숭엄하게 받들었도다
옛날 마을일에 시끄럽던 곳이요
오늘은 시읊는 소리가 처마위로 나는구나

孟夏武珍匹馬詹　　良苽洞上古亭恬

後園松籟楹頭擣　　前野薰風楣下漸

昔日儒賢言諫熾　　今時鄉老登休甛

田中畝道農歌大　　一坐七傑賡唱黏

又仁 慶佑秀

초여름 무진을 필마로 찾아드니
양과동 언덕에 옛 다락이 편안하구나
뒷동산 솔 바람은 기둥 머리를 두드리고
앞들의 훈훈한 바람은 중방 밑으로 들어온다
옛날 선비들의 언간이 뜨거웠고
오늘날 시골 노인들이 올라와 쉼이 편안하구나
들판 밭이랑에 농가 소리 큰데
둘러 앉은 칠객들의 갱창이 조화롭구나

朝向武珍匹馬擣　　黃波十里麥蕲蕲

良苽洞内高亭立　　村老檻頭新睡恬

古代先人鄕事會　　今時過客風流忺

京儒一坐吐懷裏　　斜日西天霞色纖

安一堂 李元熙

아침 무진을 향해 말을 타고 찾아가니

누런 물결 십리에 보리가 피어있구나

양과동 안에는 높은 정자 서있고

촌노가 난간머리에서 새로운 졸음에 편안하도다

옛날에 선인들이 마을일로 모였었고

오늘날 지나는 나그네 풍류가 좋도다

서울선비 한자리앉아 회포를 토로하는 속에

비낀해 서쪽하늘에 노을빛이 곱구나

濃綠山川煙霧潛　　良苽洞里一亭瞻
老松檻外枝頭笑　　細竹庭前葉片譫
上古村民公會處　　今時過客自由淹
噲正安坐望田野　　麥穗黃波豊色添

三叉堂 張善淑

짙은 녹음 산천이 안개에 잠겼는데
양과동 마을엔 한 정자가 보이네
늙은 솔은 난간 밖에서 가지끝이 웃고 있고
가는 대는 뜰 앞에서 잎 조각들이 속삭이네
상고때 촌민들이 공적으로 모였던 곳이요
오늘날 지나는 나그네 마음대로 머무누나
시원한 마루에 편안이 앉아 밭과 들 바라보니
보리밭 누런 물결이 풍년 색깔을 더하는구나

양과동정(良苽洞亭)

때 : 4338(2005)년 6월 6일 월요일

곳 : 광주광역시 광산시 남구 황산마을

작년 2월부터 다닌 한시탐방이 어느새 스물아홉 번째다. 동(東)운부터 오늘이 염(鹽)자 운이니 스스로도 대견하고 신통하다. 그 추운 날 또 쏟아지는 장마에도 우리는 그저 떠났다.

선생님의 채찍 아니면 어림도 없는 일이다. 먼 길도 마다않으시고 깨우쳐주시는데 바라시는 만큼 따르질 못하니 죄송한 마음뿐이요, 그저 열심히 따라 다닐 뿐, 오늘도 우리는 그저 그동안 정들었던 우리의 시우들과 마냥 즐겁고 신나게 소풍을 간다. 하늘도 푸르고 산천도 푸르니 오늘 시나 잘 엮어져 선생님께서 조금은 흡족해하실 수 있다면 좋으련만, 글쎄 이제 그럴 때쯤 된 것도 같은데? 오늘 모두의 바램일 것이다.

고려 말 충신 역성혁명에 의연히 벼슬을 버리고 고향으로 돌아와 정자를 얽고 올곧고 깨끗하게 사신 그분들을 찾아 나선다. 흘러가는 대로 편안히 사실수도 있으련만, 제자들을 키우면서 풍류로 시름을 달래셨을 그분들의 흔적을 찾아, 시축도하고 갱가도 하면서, 제법 이제 뭔가 조금은 옛 선인들의 멋을 알 것만 같다.

오늘은 아주 오래 되었다는 광주광역시 광산시 남구에 있는 양과동정을 찾아서, 차는 달리는데 광주 금남로 예전에 한가락 역사탐방 때 맛나게 먹었던 대화식당을 찾았으나, 그간 세월이 무상했던지 불과 두어 달 전에 없어졌다고 한다.

할 수 없이 동해 해물탕집으로 가서 해물찜과 아구찜으로 행복한 점심을 하고, 포충사로 들어가는 입구 언덕에 맞배지붕의 소박한 옛 정자를 찾았다. 정면 3칸 측면 2칸 좌우 손잡이 난간이 설치된 마루바닥으로, 솔대 느티나무 등 고목 울창한 나무들로 둘러싸여 아주 시원했다. 연대는 정확치는 않으나, 삼한시대에 창건한 것으로 추정한 기록이 있다고 한다. 그렇다면 가장 오래된 것이 아닐까? 그 옛날 마을회의도 하고 요즈음 마을회관과 같은 용도로 쓰이지 않았을까 추측된다. 현판글씨는 우암이 썼다고 하며 정자 안에는 누정시문과 향악에 관련된 글들이 걸려 있었다.

그러나 유형문화재라는 소중한 건물인데, 그 옆에 교회가 버티고 있었고 한옆엔 고물상이 자리하고 있어 어쩐지 좀 소중한 우리것의 보존에 소홀한 것 같아 마음이 편치 않았다.

선생님께서 내려주신 오늘의 시축화제는 난혜청향군자혹(蘭蕙淸香君子惑, 난초 향기에 군자가 혹하니), 양과정상율성고(良苽亭上律聲高, 양과정 위에 율성이 높구나)이다.

다소곳이 앉아 설전이 난을 치고 둘러앉아 시들을 엮어서 읊으니 때마침 불어오는 시원한 바람에 모두들 일어설 생각을 않는다. 어쩌랴! 서둘러야지 우리는 그간 시피래진 들판을 달려 귀경길에 올랐다. 일곱 시에 평촌 천둥소리에서 저녁을 먹고 오늘의 일정을 마쳤다.

안일당 이원희 씀

思雲亭

사운정

30 咸 韻

維夏含城匹馬颿　　渭川岸上一亭諴
昔時風月主人座　　今世靑衿文筆渢
羅末大賢防水計　　檀朝民草樂園諵
坊坊曲曲思雲閣　　後日治儒必正鑑

佳山 任奉墉

초여름 함양에 필마로 달려가니
위천강 언덕에 한 정자가 정성스럽구나
옛날엔 풍류로왔던 주인의 자리요
오늘은 선비들의 글을 읊는 멋이로다
신라말 큰 어진이 제방 물막이를 했고
단군의 백성들이 낙원에서 떠들석하도다
이곳저곳에 고운을 생각하는 정자들이니
앞으로 정치인들은 반드시 거울로 삼아야 한다

天嶺綠陰由問咸　　新羅太守文昌諴

千年高閣爽風起　　十里上林淸水函

昔日大儒詩本訓　　今時京客民憂渢

呻呼隱隱來何處　　北岳主人此地鑑

西原 金容大

함양땅 녹음에 까닭을 다 물으니

신라 때 태수 문창후의 정성이란다

천 년 고각엔 시원한 바람이 일고

십 리 상림엔 맑은 물 둘렸구나

옛날 큰 선비 시의 근본을 가르쳤고

지금 서울손 백성의 근심을 읊었도다

신음하는 소리 은은히 어느 곳에서 오는고

북악의 주인은 이 땅을 거울해보시라

天嶺儒鄕匹馬驅　　渭川洪水上林監
森嚴樹木長坊築　　蒼古樓亭大史瑊
太守治功千載誦　　文才唐衒萬年劖
七豪賡唱一聲裏　　羅末仙蹤悠久鑑

瀛州 金榮基

함양 선비 고을을 필마로 달리니
위천 홍수를 상림이 감독하는구나
삼엄한 수목이 긴 방축이 되었고
먼 옛날 정자는 큰 역사를 아름답게 하도다
태수의 다스린 공은 천 년토록 외어내리고
글재주는 당나라에 드날려 만년에 새기었도다
칠호가 이어부르는 한 소리 속에
신라 말의 신선자취 오래도록 거울삼으리

雨後快晴千里飄　　含城古邑上林巉

竹松槐木深深綠　　亭閣石碑處處攕

太守當時洪水杜　　草氓田事大恩諵

檻頭詩軸淸風泣　　賡唱京儒口口諴

雪荃 任準臣

비온 뒤 맑은 날 천리를 달려가니
함양 옛 고을에 상림이 높구나
솔대 느티나무 깊이깊이 푸르고
정각에 돌비석은 곳곳마다 곱도다
태수가 당시에 홍수를 막았고
백성들 밭일에 큰 은혜를 말하도다
난간머리 시축에는 맑은 바람 불어오는데
이어 부르는 서울선비 입마다 어울리누나

姤月薰風匹馬驅　　掛冠山下上林誠
園中靑藪繞亭閣　　檻外淸川沾野咸
昔日築防安百姓　　後人構屋奉三盌
登臨京客賡吟裏　　天上羅仙一一監

又仁 慶佑秀

오월 훈풍에 필마가 달려가니
괘관산 아래 상림이 정성스럽구나
공원 가운데 푸른 숲은 정각을 둘러싸고
난간 넘어 맑은 내는 들을 모두 적시도다
옛날 수령은 제방을 쌓아 백성을 편히했고
후세 사람은 정자를 세워 잔을 받들어 모시도다
다락에 오른 서울 나그네 이어 노래 하는 속에
하늘 위 신라 신선이 하나하나 돌아보는구나

南走吟詩韻字咸　　含城雨後綠陰諴
一亭古色上林卓　　數沼新花汚水瑊
昔日大儒追慕處　　今時京客賡歌渢
築防無害保民地　　天下治人來訪鑑

安一堂 李元熙

남쪽으로 달려 시를 읊으니 함이란 운자인데
비온 후 함양은 녹음이 어울리누나
한 정자 옛스러이 상림에 우뚝하고
두어 연못 새로핀 꽃 흐린 물에서 피었더라
옛날 큰 선비 추모하는 곳이요
지금 서울 나그네 갱가의 풍류로다
방축 쌓아 해없이 백성을 보호하던 곳이니
천하를 다스리는 사람 여기 와서 거울할지어다

十里上林濃綠攕　　老松森立一亭瑊
築防長曲閑川去　　方沼白蓮微笑嗛
昔日大儒治水苦　　今時過客模吟渢
噲正七律淸流裏　　此處主人千載鑑

三又堂 張善淑

십리나 이어진 상림은 녹음 짙어 고운데
늙은 솔숲 빽빽한 곳에 한 정자 아름답구나
쌓은 뚝방 긴 굽이로 한가한 물은 흘러가고
네모난 연못에 하얀 연꽃 미소를 머금었도다
옛날에 큰 선비 물의 괴로움을 다스렸고
지금 지나는 나그네 최치원의 풍류를 모방하도다
시원한 마루에 칠언율시 맑게 흐르는 속에
이 곳의 주인은 천 년의 거울이구나

사운정(思雲亭)

때 : 4338(2005)년 6월 11일 토요일

곳 : 경상남도 함양군 함양읍 상리

오늘은 누정을 찾아 나선 지 30회를 맞이했다. 고려 이전부터 역사가 깃든 누정을 찾아온 지 일년하고도 6개월이 흘렀다. 오늘의 마음은 그동안 누정을 찾아 나설때보다 마음이 착잡하고 무거웠다. 1년 6개월 동안에 충실하게 공부를 하였는지에 대하여 생각해 보니 마음이 착잡했다. 여느 때와 다름없이 사당을 출발하여 선생님을 모시러 평촌에 도착하니 기다리고 계셨다. 80을 바라보는 연세이신데도 꼿꼿하신 모습에 저절로 마음이 숙연해진다. 어제 비가 내린 관계로 산천은 더욱 푸르고 맑았다. 선생님께서도 이발을 하셔서인지 하얀 두루마기에 하얀 머리카락이 햇살에 더욱 빛났다.

우리들 일행이 영동고속도로를 지나고 경부고속도로를 달려 함양에 이르도록 선생님께선 한 말씀도 없으시다. 우리 역시 말을 할 수 없었다. 함양에 도착하여 학사루 앞을 지나 사운정에 도착했다. 긴 뚝이 이어진 안쪽으로 푸른 숲이 끝이 보이지 않는다. 상림 숲의 규모는 길이 만도 3킬로미터에 달했으나, 일제시대 때 마을이 생기면서 상림과 하림으로 나뉘었다고 한다. 지금은 길이 1.6킬로미터이고 폭은 80미터의 상림만 전하고 있다. 숲을 이루고 있는 나무들의 수종은 120여 종이나 되고 소나무나 잣나무 같은 상록수가 아닌 활엽수와 낙엽수로 이루어진 자연 숲이었다. 숲을 가로질러 흐르는 개울물이 인상적이다. 개울물 저편에는 네모난 연못에 하얀 연꽃이 맑게 피어나고 있고, 숲속에 정면 4칸 측면 3칸의 아담한 사운정이 푸르름 속에 안겨 있다고나 해야 할 것 같다. 그 옆에는 최치원의 신도비가 모셔져 있다. 본시 1906년에 박정규씨가 고운을 기념하기 위해 정자를 세우고 모현정(慕賢亭)이라 이름 하였으나, 1972년 본군 번영회에서 사운정으로 이름을 바꾸었다고 한다.

신라 때 이곳은 비가 내리면 상습적으로 물난리가 나서 백성들이 살기 어려운 곳이었다고 한다. 진성여왕때(887년) 천령군 태수로 있던 시절 최치원이 홍수를 막기 위해 제방을 높이 쌓고 물길을 다스려서 국민들을 편안히 살도록 치수를 한 곳으로 전해진다. 그때부터 지금까지 천여 년이란 세월이 흐르도록 상림 숲이 살아서 숨쉬고 있으니 우리들에게 크나큰 문화유산이 아닐 수 없다. 정자에 앉아서 그 옛날 신라 선비를 생각하는 속에 바람은 숲을 흔들고 지나간다. 그동안 전국에 산재하고 있는 누정을 찾아다니던 중에 최고운의 자취가 많았다는 것을 알 수 있었다. 말년을 보냈던 가야산 자락에 있는 벽송정(碧松亭)과 이곳 사운정(思雲亭)으로부터 멀지 않은 곳에는 학사루(學士樓)가 있다. 그리고 산수 수려한 곳엔 여지없이 최고운의 자취가 녹아있지 않은 곳이 없었다.

천 년 전부터 이어져온 상림 숲은 여전히 역사의 향취를 뿜어내고 있는 가운데, 칠호들은 흠뻑 옛 정취에 취해 설전이 난초그림을 그리고 선생님께선 천리원정난혜빙(千里遠征蘭蕙邦), 사운정상청향만(思雲亭上淸香滿)이라 화제를 써주셨고 우리들도 한 수씩 얽었다. 그리고 율성을 높이니 우리들의 가락은 상림 숲으로 퍼져나갔다.

어제와 오늘 그리고 내일의 우리들이 어떻게 역사관을 가져야 할지를 선생님으로부터 가르침을 받고 자리를 떴다.

그리고 사운정(思雲亭)을 마지막으로 찾았던 깊은 뜻을 다시 한 번 되새기며 오늘은 그동안 30회에 걸쳐 찾아본 누(樓) 15곳, 정(亭) 15곳을 꼼꼼히 다시 회상해본다.

삼우당 장선숙 씀

엮고나서

선생님께 그 어려운 한시를 배워 겨우 운자(韻字)나 맞추고 평측(平仄)을 알 뿐 아직 매끄럽게 작품이 아니 되는데, 우리는 동천칠호(東天七豪)를 구성하여 선생님을 모시고, 구석구석을 찾아다녔다. 다락과 정자, 주로 고려(高麗) 이전의 오래되고 이름난 정자들을 골라 다녔다.

산골 물이 흘러내리는 나무 숲속 시원한 정자에 둘러앉아 한시도 목청껏 읊어보고 또 선생님께서 내려주신 화제로 시축도 하니 멋있다! 멋지다! 정말 그 옛날 선비의 모습이 이렇지 않았을까? 이것 모두가 선생님께서 이끌어주시지 않았으면 어림이나 있었겠는가? 생각도 하기 힘든 일일 것이다. 알만한 사람은 다 아는, 선생님의 그 고집, 그 추운 겨울, 그 뜨거운 여름 무더위에도 마다않으시고 강행하시니 80에 가까운 연세에 뵙기가 안쓰럽다. 경상도, 전라도 땅끝 마을, 자그만치 삼십 군데다. 그래도 이렇게 다니며 모아진 시를 보면 얼마나 대견한지 스스로도 놀랍다.

또한 한시집 『누정풍월』을 엮어내니 너무도 벅찬 기쁨을 어찌 표현해야 좋을지 그동안 열심히 시회에 참석해주신 우리 동천칠호 여러분, 우린 정말 대단한 일 했다구요! 그리고 시회 내내 우리의 교통 문제로 동행하셨던 한회장님 그리고, 우리와 동행하면서 자리를 재미있게 도와준 현정씨, 현서씨, 청담 등 여러분들 고마웠습니다.

안일당 이원희 씀

▪ 東天七豪

佳山 任奉壎 1931년 경북 상주생, 전 대한전기공업사 대표
西原 金容大 1934년 충북 청주생, 서울 진양주식회사 대표이사
瀛州 金榮基 1938년 강원 강릉생, 전 서울한의원 원장
雪荃 任準臣 1939년 서울생, 전통사군자 화가
又仁 慶佑秀 1948년 서울생, 한가락모임 회장
安一堂 李元熙 1949년 경기 안양생, 동천서숙(02-702-2553) 총무
三又堂 張善淑 1956년 충북 보은생, 서예가

동천칠호 한시집
樓亭風月 누정풍월

2006년 4월 21일 초판인쇄
2006년 4월 29일 초판발행

저　자 / 동천칠호
발행인 / 김 영 환
발행처 / 도서출판 다운샘

주소 / 138-857 서울 송파구 오금동 48-8
전화 / (02)4499-172~3　팩스 / (02)431-4151
등록 / 1993. 8. 26 제17-111호

값 18,000원

ISBN 89-5817-152-9　03810

* 잘못된 책은 바꿔 드립니다.